Laura Reichhart

Wie Musiktherapie Kindern mit Autismus-Spektrum–Störung den Schuleintritt erleichtern kann

Empfehlungen für den Einsatz an der Grundschule

Bibliografische Information der Deutschen Nationalbibliothek:

Die Deutsche Nationalbibliothek verzeichnet diese Publikation in der Deutschen Nationalbibliografie; detaillierte bibliografische Daten sind im Internet über http://dnb.d-nb.de abrufbar.

Impressum:

Copyright © Science Factory 2020

Ein Imprint der GRIN Publishing GmbH, München

Druck und Bindung: Books on Demand GmbH, Norderstedt, Germany

Covergestaltung: GRIN Publishing GmbH

Inhaltsverzeichnis

„Die Musik drückt das aus, was nicht gesagt werden kann und worüber zu
schweigen unmöglich ist.“

Victor Hugo in William Shakespeare (1864)

1 Einleitung

1.1 Problemstellung

Autistische Störungen und deren Symptome erschweren Kindern mit Autismus - Spektrum - Störung den Schuleintritt in die Grundschule als Regelschule. Vor allem die sprachlich - kommunikativen und die sozialen Kompetenzen sind beim Schulübergang nur zum Teil oder gar nicht entwickelt und bedürfen unterstützender Maßnahmen. Aus diesem Grund und wegen fehlender schulischer Rahmenbedingungen birgt eine Inklusion von Kindern mit Autismus in Grundschulen immer noch Schwierigkeiten. Die Musiktherapie gilt bereits seit vielen Jahren als eine Behandlungsmöglichkeit der Symptomatik von autistischen Störungen. Dadurch stellen sich mir folgende Forschungsfragen:

1. Hat die Musiktherapie durch die Behandlung autistischer Symptomatik auch eine Auswirkung auf die sozialen und sprachlich-kommunikativen Schulfähigkeitskriterien autistischer Kinder?
2. Inwieweit könnte man die Musiktherapie, mit Verweis auf den Orff-Ansatz, in der Grundschule inkludierend nutzen?

1.2 Ziel der Arbeit

Meine Bachelorarbeit zielt darauf ab, einen Einblick in die für viele noch unbekannte Musiktherapie als eine Behandlungsmöglichkeit von Autismus zu geben. Es soll mithilfe verschiedener Studien und passender Literatur herausgearbeitet werden, ob die musiktherapeutische Behandlung von Kindern mit ASS eine Chance darstellen könnte, den Schuleintritt in die Grundschule zu erleichtern. Darüber hinaus werde ich am Ende meiner Bachelorarbeit eine Verbindung zwischen der Inklusion von autistischen Kindern in der Primarstufe und der Musiktherapie herstellen und mögliche Empfehlungen für eine zukünftige Zusammenarbeit aussprechen.

1.3 Methodische Vorgehensweise

Ich habe mich für eine Literaturarbeit als Forschungsmethode entschieden, da diese Methode in der vorliegenden Arbeit empirische und wissenschaftlich fundierte Erkenntnisse liefern soll. Darüber hinaus studiere ich weder das Fach Musik noch hatte ich mich zuvor mit dem Themengebiet der Musiktherapie, bezogen auf Autismus, sehr viel näher befasst oder gar eine Verbindung beider Themenfelder vermutet. Aufgrund dessen erschien mir die literarische Forschung als Möglichkeit, sich zunächst in das Themengebiet einzulesen und dann eigenständig bestimmte Informationen aus bereits vorhandenen, wissenschaftlichen Quellen zu sammeln und diese miteinander und mit meinen eigenen Ideen zu verbinden, als sinnvoll. Eine empirische Forschung auf diesem Gebiet durchzuführen, kann ich mir in der darauf aufbauenden Masterarbeit aber gut vorstellen. Da ich auch privat ein starkes Interesse an der Musik und dem Musizieren habe, konnte ich mich für das Bachelorthema begeistern.

1.4 Aufbau der Bachelorarbeit

Meine literarische Forschungsarbeit gliedert sich in einen Theorie - und einen darauffolgenden Praxisteil.

Im 2. Kapitel und somit auch zu Beginn des Theorieteils gebe ich einen Überblick über autistischen Störungen. Zunächst wird der Begriff „Autismus" historisch und diagnostisch eingeordnet. Danach werden die Symptome, die Ursache und die Epidemiologie autistischer Störungen betrachtet. Zudem wird in diesem Kapitel bereits die therapeutische Behandlung von Menschen mit Autismus erwähnt, welche dann am Ende der Arbeit in die Musiktherapie mündet.

In Kapitel 3 werden aufgrund der ersten Forschungsfrage die Schulfähigkeitskriterien, besonders die der sozial-emotionalen Entwicklung als auch die der Sprache und Kommunikation betrachtet, da diese unter anderem maßgeblich für einen gelingenden Übertritt in die Grundschule sind und sich genau in diesen beiden Bereichen große Defizite bei autistischen Kindern finden lassen.

Da aktuell ein Anstieg der Inklusionsschulen weg vom rein schulfähigen Kind zu beobachten ist und diese inklusive Pädagogik auch zukünftig in Grundschulen weiter ausgebaut werden soll, wird in Kapitel 4 das Inklusionskonzept prägnant dargestellt. Auch unter dem Aspekt, dass am Ende dieser Arbeit zur Beantwortung der zweiten Forschungsfrage nochmal Bezug auf die Inklusion autistischer Schüler*innen in Verbindung mit der Musiktherapie, genommen wird.

Im darauffolgenden 5. Kapitel wird zunächst in das Themengebiet der Musiktherapie eingeführt, um dann auf die musiktherapeutischen Interventionen bei Kindern mit ASS einzugehen. Dazu wurde eine Metaanalyse gefunden, deren Ergebnisse beschrieben werden, um darauf im daran anschließenden Praxisteil Bezug zu nehmen. Aufgrund der vielen unterschiedlichen musiktherapeutischen Ansätze für Kinder mit Autismus beschränke ich mich in meiner Arbeit auf den Ansatz nach Gertrud Orff.

Im letzten und gleichzeitig praktischen Teil meiner Bachelorarbeit werde ich, durch die Verbindung der Ergebnisse einer Metaanalyse mit den sozial-emotionalen und sprachlich - kommunikativen Schulfähigkeitskriterien herausstellen, ob die Musiktherapie zu einer Verbesserung dieser Kriterien bei autistischen Kindern führen und somit der Übertritt in die Grundschule erleichtert werden könnte.

Im Anschluss daran werden mögliche Berührungspunkte zwischen der Musiktherapie und der inklusiven Grundschule aufgezeigt und Ideen für eine eventuelle zukünftige Zusammenarbeit ausgesprochen, da heutzutage eher das Inklusionskonzept an Schulen dominiert. Hierbei wird der musiktherapeutische Ansatz nach Gertrud Orff berücksichtigt. Das Kapitel und die Arbeit schließen mit meinem Fazit ab.

Schlüsselwörter: Musiktherapie, Autismus, Autismus-Spektrum-Störung, Inklusion,

Schulfähigkeit

2 Hintergrund: Was sind autistische Störungen?

In diesem Kapitel wird zunächst die historische Entwicklung des Begriffs *Autismus* von seiner Erstbenennung bis heute dargestellt. Durch die anschließende Beschreibung der Symptomatik wird die Störung, wie sie heute verstanden wird, ausführlich erläutert. Mit den Ursachen, dem Vorkommen und den Therapiemöglichkeiten von autistischen Störungen schließt das erste Kapitel.

2.1 Einordnung des Störungsbildes

2.1.1 Historische Einordnung

Der Begriff Autismus wurde erstmals 1911 vom Schweizer Psychiater Eugen Bleuler als ein Grundsymptom der Schizophrenie eingeführt. Er umschrieb mit diesem Begriff den Kontaktverlust schizophren erkrankter Menschen gegenüber der Umwelt und dem daraus resultierenden sozialen Rückzug in eine eigene Gedankenwelt. Autismus galt somit für eine lange Zeit als frühe Form der Schizophrenie. Erst durch Leo Kanner (1943) und Hans Asperger (1944) wurde der Autismus nicht nur als ein einzelnes Symptom einer Erkrankung betrachtet, sondern als ein eigenes Störungsbild (vgl. Sinzig, 2011, S. 2). Leo Kanner, ein österreichisch-amerikanischer Kinder und Jugendpsychiater, diagnostizierte 1943 bei elf Kindern eine autistische *Störung des affektiven Kontakts*. Heute spricht man auch von dem *frühkindlichen Autismus* oder *Kanner-Autismus* (vgl. Schuster, 2010, S. 16). Dieses Störungsbild weisen Kinder auf, „...die sich nicht aktiv in ihre Phantasiewelt zurückziehen, sondern von Geburt an Defizite im Aufbau sozialer Interaktionen haben..." (Sinzig, 2011, S. 2). Fast zeitgleich und dennoch unabhängig von Kanners Publikation führte der österreichische Kinderarzt und Heilpädagoge Hans Asperger (1944) eine andere Form des Autismus, die *Autistische Psychopathie*, in Abgrenzung zur Schizophrenie ein. Das Wort Psychopathie würde man heute am ehesten mit Persönlichkeitsstörung übersetzen. Der Begriff der Autistischen Psychopathie beschreibt ein Störungsbild, welches ebenfalls Einschränkungen in der sozialen Interaktionsfähigkeit als Grundsymptom aufweist. Auch Asperger fand durch seine Beobachtungen von autistischen Kindern heraus, dass sich autistische Störungen schon im frühen Kindesalter äußern und sich stark von dem Autismus-Begriff nach Bleuler abgrenzen (vgl. Asperger, 1943, 22). Im Gegensatz zum frühkindlichen Autismus stellte er jedoch keine Defizite in der Sprachentwicklung oder Intelligenzentwicklung fest (vgl. Sinzig 2011, 3). Aspergers Erkenntnisse waren für die Autismus-Forschung von hohem Erfahrungswert. Zudem war sein Blick nicht nur einseitig auf Defizite der autistischen Kinder ausgerichtet, sondern er war davon überzeugt, dass diese auch über positive Fähigkeiten verfügten (vgl. Theunissen & Sagrauske, 2019, S. 24). Dennoch blieb sein Werk eine lange Zeit unbeachtet. Erst durch die Übersetzung seiner Schrift ins Englische durch Uta Frith und die Forschungen der britischen Ärztin Lorna Wing wurden seine Feststellungen international bekannt und es wurde von da an von dem *Asperger-Syndrom* gesprochen (vgl. Kamp-Becker & Bölte, 2014, S. 9). Lorna Wing definierte nicht nur in Fortführung der Arbeiten Hans Aspergers, das Asperger-Syndrom, sondern gehörte auch zu den vielen Stimmen, „die das Gemeinsame zwischen den von Kanner und Asperger beschriebenen Autismus-Bildern betonten und Bemühungen um eine klare Unterscheidung kritisch gegenüberstanden" (Theunissen & Sagrauske, 2019, S. 24). Zur damaligen Zeit löste diese Ansicht eine heftige Diskussion aus. Aufgrund dessen wird im weiteren Verlauf dieses Kapitels näher auf die Definition und diagnostische Einordnung der autistischen Störungen heutzutage eingegangen.

2.1.2 Diagnostische Einordnung

Nach den beiden Klassifikationssystemen für Krankheiten und psychische Störungen, dem Internationalen Klassifikationssystem der Weltgesundheitsorganisation (ICD-10) und dem Diagnostischen und Statistischen Handbuch Psychischer Störungen (DSM-4) zählen autistische Störungen heute zu den tiefgreifenden Entwicklungsstörungen (vgl. Kamp-Becker & Bölte, 2014, S. 12). Beide Klassifikationssysteme ergänzen sich sinnvoll und es muss an dieser Stelle erwähnt werden, dass sie sich allgemein – abgesehen von wenigen einzelnen Störungen – nicht substanziell voneinander unterscheiden (vgl. Falkai & Wittchen, 2015, S. LII). Zu diesen wenigen einzelnen Störungen zählen die autistischen Störungen.

2.1.3 ICD-10

Zu den wichtigsten tiefgreifenden Entwicklungsstörungen der *Internationalen statistischen Klassifikation der Krankheiten und verwandter Gesundheitsprobleme* (ICD-10) von 2009 zählen folgende:

1. F84.0 Frühkindlicher Autismus
2. F84.1 Atypischer Autismus
3. F84.2 Rett-Syndrom
4. F84.3 Andere desintegrative Störung des Kindesalters
5. F84.5 Asperger-Syndrom (vgl. Kamp-Becker & Bölte, 2014, S. 13).

Diese Störungsbilder sind durch drei charakteristische Kernsymptome, die *klassische autistische Trias*, gekennzeichnet: (a) qualitative Beeinträchtigungen in der zwischenmenschlichen Interaktion, (b) qualitative Beeinträchtigungen in der Kommunikation und (c) ein eingeschränktes, stereotypes, sich wiederholendes Repertoire an Interessen und Aktivitäten (vgl. Theunissen & Sagrauske, 2019, S. 35).

Daraus lässt sich schließen, dass es sich bei autistischen Störungen um heterogene Störungsbilder handelt, welche jedoch über gemeinsame grundlegende diagnostische Symptome verfügen. Da eine Störung selbst im Grad ihrer Ausprägung als auch in den kognitiven, motorischen und adaptiven Fähigkeiten stark variieren kann, kam es in den letzten Jahren zu einer hitzigen Diskussion. Man fragte sich, ob sich die verschiedenen autistischen Störungen anhand der in der ICD-10 formulierten Diagnosekriterien überhaupt genau voneinander und von nicht-autistischen Störungen abgrenzen lassen (vgl. Kamp-Becker & Bölte, 2014, S. 8). Darauf reagierte die Autismus-Forschung, indem sie begann, zwischen einem *hochfunktionalen (High-functioning)* und *niedrigfunktionalen (Low-functioning)* Autismus zu unterscheiden. Beide Ausführungen gelten auch als Subkategorien des Frühkindlichen Autismus. Autistische Personen, die zu einem niedrigfunktionalen Autismus zählen, weisen eine Intelligenzminderung (IQ < 70) und nur sehr geringe sprachliche Fähigkeiten auf. Hierbei ist zu erwähnen, dass ein durchschnittlicher IQ bei dem Mittelwert 100 liegt (vgl. Weiss, 2012, S. 29). Als hochfunktional werden all jene Autisten bezeichnet, welche über gute verbale Fähigkeiten und eine unterdurchschnittliche bis hohe Intelligenz (IQ > 70) verfügen.

Als Beispiel könnte man hier den Asperger-Autismus aufführen. Die Intelligenzspanne autistischer Menschen ist somit breit einzuschätzen und kann von schweren kognitiven Beeinträchtigungen bis hin zu einer Hochbegabung reichen (vgl. Theunissen & Sagrauske, 2019, S. 36 f.).

2.1.4 DSM-5

In der alten Fassung der DSM-4 von 1994 wurden ähnliche tiefgreifende Entwicklungsstörungen wie in der ICD-10 unterschieden. Nach der aktuell gültigen fünften Auflage des US-amerikanischen *Diagnostic and Statistical Manual of Mental Disorders (DSM-5)* von 2013 wird allerdings nicht mehr zwischen den oben genannten autistischen Störungsbildern differenziert (vgl. Remschmidt, Schmidt & Poustka, 2019, S. 64). Stattdessen fasst die DSM-5 die einzeln genannten autistischen Störungen der ICD-10 und des DSM-4 unter dem Begriff *Autismus-Spektrum-Störung (ASS)* zusammen. Darüber hinaus werden hier nicht mehr drei charakteristische Kernsymptome, sondern durch die Zusammenfassung der sozialen Interaktion und sprachlichen Kommunikation in einen Symptombereich nur noch zwei Hauptkategorien unterschieden (vgl. Theunissen & Sagrauske, 2019, S. 36). Die Symptome der zwei Hauptkategorien (a) soziale Interaktion und soziale Kommunikation und (b) eingeschränkte, repetitive Verhaltensmuster, Interessen oder Aktivitäten werden aufgrund ihres Ausprägungsgrades in verschiedene Schweregrade unterteilt. Unterschieden wird ein Schweregrad 1 (Unterstützung erforderlich), ein Schweregrad 2 (Umfangreiche Unterstützung erf.) und ein Schweregrad 3 (Sehr umfangreiche Unterstützung erf.) (vgl. Falkai & Wittchen, 2015, S. 66 f.). Zudem wird in der DSM-5 hervorgehoben, dass die Symptome der Autismus-Spektrum-Störung zwar seit der frühen Kindheit vorhanden sein müssen, sich jedoch erst zu einem späteren Zeitpunkt voll manifestieren. Ferner gibt es auch hier Zusatzcodierungen, um die Diagnose der Autismus-Spektrum-Störung zu spezifizieren, wie z.B. mit oder ohne begleitende Intelligenzminderung und mit oder ohne begleitende Sprachstörung (vgl. ebd., S. 68). Das Zuordnen der Symptome auf einem Kontinuum von leichten zu schwerwiegenden Einschränkungen „soll die Sensitivität und Spezifität der Kriterien für die Diagnose der Autismus-Spektrum-Störung verbessern und helfen, gezieltere Behandlungsansätze auf die genannten Schlüsseldomänen der Störungen auszurichten" (ebd., S. LXI). Im Gegensatz zur ICD-10 werden im DSM-5 zusätzlich noch die *Komorbiditäten* berücksichtigt. Dabei handelt es sich um „zusätzlich zu einer Grunderkrankung vorliegende, diagnostisch abgrenzbare psychische und organische Erkrankungen…" (Freitag, Kitzerow, Medda, Soll, Cholemkery, 2017,

S. 12). Autismus-Spektrum-Störungen assoziieren häufig mit verschiedenen, gleichzeitig vorkommenden Auffälligkeiten, Störungen und Erkrankungen, wie z.B. Aufmerksamkeitsprobleme, oppositionelles und aggressives Verhalten, Phobien oder sogar Epilepsie (vgl. Kamp-Becker & Bölte, 2014, S. 22). Dies sind nur wenige von vielen weiteren Komorbiditäten, die als Begleiterkrankungen autistischer Störungen auftreten können. In Deutschland wird zwar nur nach dem ICD-10 diagnostiziert, dennoch gilt das DSM-5 „...als das entscheidende Referenzwerk in der Forschung. Damit ist es besonders für den deutschsprachigen Raum als Region mit einem großen Forschungspotenzial [...] unverzichtbar" (Falkai & Wittchen, 2015, S. LII). Nach der deutschen Übersetzung der American Psychiatric Association von Falkai und Wittchen (2015) soll sich die neue Struktur der ICD-11, welche schon seit längerem in Planung ist, mit der Struktur des DSM-5 decken (S. LX). Es bleibt also fraglich, wann die ICD-11 in Kraft treten und damit eine genaue, international anerkannte Übereinstimmung der Klassifikationssysteme für die Diagnose einer autistischen Störung möglich sein wird.

Im weiteren Verlauf dieser Arbeit wird der Begriff Autismus-Spektrum-Störung nach dem DSM-5, stellvertretend für die unterschiedlichen Störungsbilder der ICD-10, verwendet. Zudem werden die Begriffe Autismus-Spektrum-Störung, die Abkürzung ASS, Autismus, autistische Störung, autistische Kinder oder Autisten und Autismus-Spektrum gleichbedeutend gebraucht.

2.2 Symptome

In diesem Kapitel werden die Symptome der Autismus-Spektrum-Störung nach der DSM-5 dargestellt und anhand von bestimmten Merkmalen näher beschrieben. Wie in Kapitel 2.1 bereits erwähnt, muss auch hier nochmal hervorgehoben werden, dass sie im Ausprägungsgrad von Individuum zu Individuum variieren. Dennoch bestehen sie alle von frühester Kindheit an und manifestieren sich in den ersten fünf Lebensjahren (vgl. Kamp-Becker & Bölte, 2014, S. 12).

2.2.1 Beeinträchtigungen in der sozialen Interaktion und sozialen Kommunikation

Zum einen bestehen bei autistischen Kindern Defizite in der sozial-emotionalen Gegenseitigkeit, das heißt, sie suchen eher selten oder gar nicht das Gespräch mit anderen Kindern und sind nicht in der Lage, sich mit diesen über ihre Gefühle auszutauschen. Zum anderen fällt es Kindern mit ASS schwer, das Verhalten anderer zu imitieren oder zu deuten. Die vorhandene Sprache bei autistischen Kindern wird oft nur einseitig benutzt, um etwas zu benennen (vgl. Falkai & Wittchen, 2015, S. 68). Darüber hinaus weisen Kinder mit ASS auch Defizite im nonverbalen kommunikativen Verhalten auf, welches normalerweise zu sozialen Interaktionen genutzt wird (vgl. ebd., S. 69). Diese Mängel zeigen sich vor allem durch „die fehlende, reduzierte oder unübliche Verwendung von Blickkontakt (bezogen auf kulturelle Normen), Gestik, Mimik, Körperhaltung oder Intonation" (ebd.). Früh taucht in diesem Kontext auch die Beeinträchtigung der *gemeinsamen Aufmerksamkeit* auf. Autistischen Kindern fällt es hierbei sehr schwer, ihre Aufmerksamkeit gleichzeitig auf eine andere Person und einen Gegenstand zu richten und so das Interesse an dem Objekt mit jemand anderem zu teilen. Zudem haben sie Schwierigkeiten, Zeigegesten als auch dem Blick von einer anderen Person zu folgen. Darüber hinaus besteht eine Komplikation darin, verbale und nonverbale Kommunikation zu koordinieren (vgl. ebd.). Auch lassen sich bei diesen Beeinträchtigungen Defizite in der Aufnahme, der Aufrechterhaltung und dem Verständnis von Beziehungen finden. Vor allem bei jungen Kindern zeigt sich ein fehlendes, schwaches oder unübliches soziales Interesse, was sich meistens durch passives Verhalten oder aggressive, störende Annäherungsversuche äußert. Oft beschäftigen sie sich lieber mit sich selbst als mit anderen Kindern. Wenn sie doch eine Freundschaft schließen möchten, fällt es ihnen meist sehr schwer, da sie mit den in dem Alter üblichen gemeinsamen Spielen, wie z. B. Rollenspiele, nicht umgehen können (vgl. ebd.).

2.2.2 Eingeschränkte, repetitive Verhaltensmuster, Interessen oder Aktivitäten

Zu den repetitiven Verhaltensweisen zählen (a) einfache motorische Stereotypen, wie z. B. Händeklatschen, (b) die wiederholte Verwendung von Gegenständen sowie (c) die repetitive Sprache, welche sich z. B. durch *Echolalie* äußert. Letzterer Begriff steht für ein mechanisches Nachsprechen gehörter Wörter. Zudem halten autistische Kinder stark an Routinen oder ritualisierten Mustern fest, selbst eine leichte Veränderung kann zur Verzweiflung des Kindes führen (vgl. ebd., S. 70). Darüber hinaus verfügen Menschen mit ASS über ein begrenztes und fixiertes Interesse an bestimmten ungewöhnlichen Objekten, zu denen sie eine Art Bindung aufbauen (vgl. ebd., S. 65). Des Weiteren besitzen Autisten Wahrnehmungsbesonderheiten, so genannte Hyper- und Hyposensitivitäten auf sensorische Reize oder ungewöhnliche Interessen an Umweltreizen (vgl. ebd.). Diese äußern sich z. B. durch das Berühren und Beriechen von Objekten (vgl. ebd., S. 70).

2.2.3 Zugehörige Merkmale zur Diagnosesicherung

Wie in Kapitel 2.1.1 bereits erwähnt, können zu den eigentlichen Symptomen zusätzliche Beeinträchtigungen in der Sprache und in der Intellektualität auftauchen. Liegen bei Kindern mit ASS begleitende sprachliche Beeinträchtigungen vor, so äußern sich diese oft durch Ausbleiben der verbalen Sprache oder einen verzögerten Spracherwerb (vgl. ebd. S. 71; Theunissen & Sagrauske, 2019, S. 53). Bei Autisten mit einer hohen oder durchschnittlichen Intelligenz können zudem motorische Schwierigkeiten auftreten, da zwischen den adaptiven und den intellektuellen Fähigkeiten ein großes Missverhältnis besteht (vgl. Falkai & Wittchen, 2015, S. 71). Neben diesen eher defizitären Merkmalen verfügen autistische Kinder aber auch über spezifische Fähigkeiten in bestimmten Interessensbereichen, wie z.B. im Bereich der Musik (vgl. Theunissen & Sagrauske, 2019, S. 46). Viele fühlen sich zur Musik stark hingezogen und einige von ihnen weisen sogar eine besondere musikalische Begabung auf (vgl. Schuster, 2010, S. 100 f.).

Die in diesem Kapitel dargestellten Symptome der Autismus-Spektrum-Störung „sind oft in der frühen Kindheit und in den ersten Schuljahren am deutlichsten..." (Falkai & Wittchen, 2015, S. 72). Welche Ursachen dieser Entwicklungsstörung zugrunde liegen wird im folgenden Kapitel herausgearbeitet.

2.3 Ätiologie

Jahrzehntelang herrschte die Auffassung, dass einer autistischen Störung psychogenetische Ursachen zugrunde liegen. Selbst Leo Kanner (1943) vermutete, dass die autistische Symptomatik auf das Fehlen von mütterlicher Wärme zurückzuführen sei (vgl. Theunissen & Sagrauske, 2019, S. 16). Vor diesem Hintergrund prägte sich der Begriff der *Kühlschrankmutter (refrigerator mother)*, welcher bis in die 70er Jahre verwendet wurde. Erst in den 80er Jahren wurde aufgrund der familiären Häufung autistischer Verhaltensweisen bzw. von Zwillingsuntersuchungen vermutet, dass es sich um eine vererbbare, genetisch bedingte Erkrankung handelt (vgl. Sinzig 2011, S. 3).

Heute dominiert ein mehrdimensionaler Erklärungsansatz. Bernard (2017) geht von einem Zusammenwirken genetischer Faktoren und Umweltfaktoren aus. Er stellt in seinem Werk mithilfe verschiedener Studien verallgemeinernd fest, dass bei etwa 90% aller Zwillingspaare mit einem ASS - Patienten auch der Zwilling eine ASS-Symptomatik aufweist. Für ihn ist somit klar, dass die Erblichkeit eine Ursache von ASS ist und die restlichen 10% unbekannte Umweltfaktoren darstellen (S. 20). In anderen Werken, wie in dem von Kamp-Becker & Bölte (2014), wird ebenfalls auf die genetische Disposition beim Autismus-Spektrum hingewiesen, allerdings werden daneben auch andere Faktoren, wie z.B. körperliche Erkrankungen oder Hirnschädigungen als Ursachen, aufgezeigt (S. 33).

Schlussfolgernd kann man sagen, dass sich die Variabilität der Störung auch in den Entstehungsursachen niederschlägt. Trotz einiger bedeutender Untersuchungsergebnisse können bis heute keine wissenschaftlich gesicherten und übereinstimmenden Ergebnisse zur Entstehung von autistischen Störungen vorgelegt werden. Dennoch lässt sich anhand der untersuchten Literatur erkennen, dass ein beträchtlicher Einfluss genetischer Faktoren unbestritten ist. Zudem wird es vermutlich für die Eltern von autistischen Kindern eine große Entlastung darstellen, zu wissen, dass die Ursache von ASS nicht auf einer fehlgeschlagenen Erziehung beruht.

2.4 Epidemiologie

In den letzten Jahren ließ sich ein eindeutiger Anstieg der Häufigkeit von autistischen Störungen beobachten. Schuster beruft sich in ihrem Werk (2010) auf die Schätzungen der amerikanischen *FDA (Food and Drug Administration)*, welche besagen, dass eines von 166 Kindern autistisch sei (S. 18). Epidemiologische Studien, wie z.B. die Übersicht von 48 Studien (darunter 13 Studien aus Großbritannien, sechs aus den USA und sechs aus Japan), die zwischen 1966 und 2009 publiziert wurden, erkannten Häufigkeitsraten für Autismus zwischen 0,7/10.000 und 72,6/10.000 (vgl. Fombonne, Quirke & Hagen, 2011). Auch Kamp-Becker und Bölte (2014) betonen die gestiegene Prävalenz von zuvor 4 bis 5 Personen zu 60 bis 100 Personen von 10.000 Menschen, welche ein Autismus-Spektrum aufweisen (S. 25). Theunissen und Sagrauske (2019) sprechen von einem Prävalenzwert von über 1%. Der Prozentwert steht hierbei für ungefähr 800.000 Menschen mit Autismus-Spektrum-Störung, welcher sich auch auf Deutschland beziehen lässt (S. 34).

Es wird vermutet, dass die Gründe hierfür zum einen in der Zunahme der verfügbaren diagnostischen Möglichkeiten und zum anderen in dem wachsenden Wissen über die Autismus-Spektrum-Störungen liegen (vgl. Freitag et al., 2017, S. 14).

2.4.1 Geschlechtsspezifische Besonderheiten

Nach der deutschen Übersetzung der American Psychiatric Association von Falkai & Wittchen (2015) wird die Diagnose der Autismus-Spektrum-Störung beim männlichen Geschlecht viermal häufiger als beim weiblichen Geschlecht vergeben (S. 74). Freitag et al. (2017) spricht im Vergleich dazu nur von zwei- bis dreimal mehr männlichen Personen als Mädchen mit Autismus-Spektrum-Störung (S. 15). Im Gegensatz zu diesen beiden Aussagen verweisen Kamp-Becker und Bölte (2014) auf Metaanalysen nach Fombonne, welche sich gegen eine deutlich häufigere geschlechtsspezifische Unterscheidung wenden und eher von einem gemittelten Verhältnis zwischen den Geschlechtern sprechen (S. 27).

Daraus lässt sich schließen, dass sich die Wissenschaft noch nicht ganz einig darüber ist, ob wirklich geschlechtsspezifische Unterschiede bei Kindern mit Autismus vorliegen und – falls doch – in welchem Grad sie variieren.

2.5 Therapie

Die in Kapitel 2.4 dargestellte hohe Prävalenzrate von Menschen mit ASS lässt die Frage nach Behandlungsmöglichkeiten aufkommen. Zunächst einmal muss klargestellt werden, dass die Autismus-Spektrum-Störung nicht geheilt werden kann (vgl. Kamp-Becker & Bölte, 2014, S. 12). Dennoch gibt es durch verschiedene Therapieansätze die Möglichkeit, Symptome dieser Entwicklungsstörung abzuschwächen und Fähigkeiten von autistischen Menschen auf- und auszubauen (vgl. ebd., S. 75). Zudem zielen die Therapiemaßnahmen darauf ab, die soziale Inklusion von Menschen mit der Behinderung Autismus zu verbessern (vgl. Autismus Deutschland e.V. - Bundesverband zur Förderung von Menschen mit Autismus, 2020, S. 1). Wichtig bei einer Autismus-Therapie ist zum einen das frühe Erkennen des Störungsbildes wie auch der Entwicklungsstand des Kindes und die daraus resultierende frühe Förderung. Zum anderen ist der Einbezug der Eltern von großer Relevanz, denn durch eine Therapie können diese direkt beraten als auch im entwicklungsförderlichen Umgang mit dem Kind unterstützt werden (vgl. Kamp-Becker & Bölte, 2014, S. 90). Neben dem Einbezug der Erziehungsberechtigten sollte auch eine Zusammenarbeit mit anderen Bezugssystemen, wie z. B. der Schule stattfinden (vgl. Autismus Deutschland e.V., 2020, S. 4). Im Laufe der Autismus - Forschung haben sich viele Therapieformen entwickelt. Dazu zählen unter anderem die verhaltenstherapeutischen Methoden, tiefenpsychologische Therapieansätze, aber auch kreative Therapiemaßnahmen wie z. B. die Musiktherapie (vgl. Schor & Schweiggert, 2001, S. 50). Auf letztere therapeutische Intervention wird in Kapitel 5 näher eingegangen. Trotz einer großen Auswahl an therapeutischen Möglichkeiten gibt es bisher keine Form, welche als „Königsweg zur Behandlung von Autismus gelten kann" (ebd., S. 46). Darüber hinaus herrscht in weiten Teilen Deutschlands noch eine deutliche Unterversorgung mit spezialisiertem therapeutischem Fachpersonal, da ASS in den verschiedenen Ausbildungsgängen oftmals zu wenig Beachtung findet (vgl. Vllasaliu et al., 2019, S. 360). Der Anspruch auf und die Bereitstellung einer Therapie kann nach der DSM-5 nur auf einer individuellen Ebene und im Hinblick auf die persönlichen Prioritäten und Ziele begründet werden (vgl. Falkai & Wittchen, 2015, S. 66).

3 Das Konzept der Schulfähigkeit

3.1 Der Begriff Schulfähigkeit

Der historische Begriff der *Schulreife* nach Artur Kern (1951) besagte, dass die entscheidenden Kompetenzen, über die ein Kind für einen erfolgreichen Schulbesuch verfügen muss, durch innere Reifungsprozesse entstehen (vgl. Knörzer, Grass & Schuhmacher, 2007, S. 125). Diese Annahmen wurden aber recht früh durch Kemmler und Heckhausen (1962) widerlegt (vgl. Roebers & Hasselhorn, 2018, S. 2). Im Rahmen dessen wurde der Schulreifebegriff von dem Begriff der Schulfähigkeit abgelöst. Letzterer geht davon aus, dass hauptsächlich Lernerfahrungen die Entwicklung des Kindes beeinflussen. In dem Kontext der Schulfähigkeit setzte sich damals der heute noch anerkannte ökopsychologische Ansatz nach Nickel (1990, 1997) durch (vgl. Knörzer et al., 2007, S. 125). „Danach ist die individuelle Schulfähigkeit nicht nur vom [inneren] Entwicklungs- oder Förderstand eines Kindes abhängig, sondern auch von einer Reihe ökosystemischer Umweltfaktoren, insbesondere Merkmale der vorschulischen, schulischen und häuslichen Lernumwelt, aber auch die Schule selbst mit ihren Anforderungen und Lernbedingungen" (Roebers & Hasselhorn, 2018, S. 2).

Es kann hier also festgestellt werden, dass nicht nur das Kind gewisse Anforderungen der Schule erfüllen und somit schulfähig sein muss, sondern dass auch die Grundschule *kindfähig* gemacht werden muss, um einen guten Schulbesuch des Kindes zu ermöglichen. Welche basalen Kriterien der Schulfähigkeit beim Kind vor Schuleintritt bereits vorhanden sein sollten, wird im folgenden Abschnitt kurz beschrieben. Zudem werden vor allem die verbale und nonverbale Kommunikation sowie die sozialen Kriterien genauer betrachtet.

3.2 Allgemeine Kriterien der Schulfähigkeit

Reichenbach und Lücking (2007) sprechen in ihrem Werk von unterschiedlichen Entwicklungsbereichen, die entscheidend für den Eintritt in die Grundschule sind. Das heißt, Kinder müssen vor Schuleintritt über bestimmte Basiskompetenzen in den einzelnen Dimensionen dieser Bereiche verfügen. Sowohl aus den eigenen Erfahrungen der Autoren als auch aus einer Befragung pädagogischer Fachkräfte mittels 105 Fragebögen ergaben sich folgende Entwicklungsbereiche der Schulfähigkeit: (a) die Bewegung, (b) die Intelligenz und kognitive Fähigkeiten, (c) der sozial - emotionale Entwicklungsbereich, (d) die Sprache und Kommunikation sowie (e) die Wahrnehmung (S. 23 ff.). Zum Bereich der sozial-emotionalen Entwicklung gehören z. B. Dimensionen wie soziale Kompetenzen, der Gefühlsausdruck, die Beziehungsgestaltung, die Kooperation und die Reflexionsfähigkeit (vgl. ebd., S. 39 ff.). Im sprachlichen und kommunikativen Entwicklungsbereich lassen sich z.B. die Sprachproduktion wie auch die Gestik und Mimik als mögliche Dimensionen finden (vgl. ebd, S. 44 ff.). Zu den kognitiven Fähigkeiten zählt z.B. die Aufmerksamkeit (vgl. ebd., S. 33 ff.). Um den Entwicklungsstand eines Kindes in den zuvor genannten Bereichen messen und überprüfen zu können, werden diagnostische Screening- und Testverfahren angewandt. Zu diesen zählen unter anderem das *Kieler Einschulungsverfahren (KEV)* und die *Diagnostischen Einschätzungsskalen (DES)*. Beide Verfahren geben ein möglichst breites Bild über den Entwicklungsstand des Kindes ab, indem Kompetenzen wie z. B. Sprache, phonologisches Bewusstsein, Ansprechbarkeit eines Kindes in der Gruppe oder Kontaktfähigkeit diagnostisch erfasst werden (vgl. Knörzer et al., 2007, S. 129 ff.). Sollten bei den Diagnoseverfahren Defizite von Schulanfängern festgestellt werden, dienen diese –nach dem ökopsychologischen Ansatz von Nickel – dazu, entsprechende Fördermaßnahmen einzuleiten (vgl. ebd., S. 127). Zu solchen Schulanfängern können auch Kinder mit Autismus zählen. Deren Schulfähigkeit – bezogen auf die sprachlich-kommunikative und soziale Entwicklung – wird im nächsten Abschnitt dieses Kapitels näher in den Fokus genommen.

3.3 Schulfähigkeit von Kindern mit ASS

Eine Einschulung stellt zunächst einmal für *alle* Kinder einen neuen Lebensabschnitt dar und ist somit auch eine wichtige Entwicklungsaufgabe, welche mit verschiedenen Herausforderungen einhergeht. Gerade für Kinder mit Entwicklungsstörungen, wie die der Autismus-Spektrum-Störung, ist der Übertritt in eine allgemeinbildende (Regel-) Schule mit noch viel größeren Hindernissen verbunden. Diesen fällt es noch schwerer mit Veränderungen in ihrer Routine umzugehen, welche in diesem Kontext aber auftreten. Dazu zählt z. B. die Anpassung an das neue, lernorientierte schulische Umfeld (vgl. Roebers & Hasselhorn, 2018, S. 1). Solche Modifizierungen können dann auch einen negativen Einfluss auf die schulischen Leistungen dieser Kinder haben (vgl. Falkai & Wittchen, 2015, S. 74). Darüber hinaus weisen Kinder mit Autismus starke Defizite im sozial-emotionalen Entwicklungsbereich auf, zu dem Dimensionen wie soziale Kompetenzen, Beziehungsgestaltung, Reflexionsfähigkeit oder der Ausdruck von Gefühlen und Emotionen zählen (vgl. Reichenbach & Lücking, 2007, S. 39 ff.). Ihnen fällt der Aufbau neuer Beziehungen zu Lehrkräften und anderen Schüler*innen überaus schwer (vgl. Roebers & Hasselhorn, 2018, S. 1). Auch das Lernen junger Kinder mit Autismus kann durch den Mangel an sozialen und kommunikativen Fähigkeiten, wie in Kapitel 2.2 bereits beschrieben, erschwert werden, insbesondere das Lernen durch soziale Interaktionen oder in Situationen mit Gleichaltrigen (vgl. Falkai & Wittchen, 2015, S. 74). Bei der Beurteilung der Schulfähigkeit kommt auch den sprachlichen Fähigkeiten eine wichtige Bedeutung zu. Der Spracherwerbsstand wird als wichtiger Indikator für den allgemeinen Entwicklungsstand angesehen, denn Sprache ist die Voraussetzung für die Kommunikation und den Wissenserwerb (vgl. Roebers & Hasselhorn, 2018, S. 12). Im sprachlichen und kommunikativen Entwicklungsbereich nach Reichenbach und Lücking (2007) wird sowohl die verbale als auch die nonverbale Kommunikation sowie sprachbegleitende Äußerungen, wie z. B. die Tonhöhe oder das Sprechtempo, berücksichtigt (S. 44 ff.) Und auch hier lassen sich bei Kindern mit ASS Defizite feststellen, welche einen Schuleintritt erschweren können. Denn nur ein Teil der Kinder mit ASS entwickelt Sprache. Oft kann die Sprachentwicklung sogar ganz ausbleiben (vgl. Schuster, 2010, S. 35). Zu den größten sprachlichen Problemen zählen ein unzureichendes Sprachverständnis und die Anpassung des Sprachstils an die bestimmte Situation (Vgl. Amorosa, 2017, S. 70). Diese sprachlichen Defizite beruhen meist auch auf der Vermeidung sozialer Interaktionen, denn wie soll ein autistisches Kind sprechen lernen, wenn es keine

Bezugsperson hat, die es beobachten und an der es lernen kann? (vgl. Schuster, 2010, S. 37). Zusätzlich bestehen bei diesen Kindern auch Defizite im Umgang mit der eigenen Mimik und Gestik als auch mit der Deutung dieser beim Gegenüber (vgl. Amorosa, 2017, S. 70). Das kann zu Konflikten mit [1]Mitschüler*innen oder Lehrkräften führen, da das autistische Kind die unausgesprochenen Regeln des sozialen Miteinanders oftmals falsch deutet (vgl. Schuster, 2013, S. 68).

Die pädagogische Konsequenz, die sich aus diesem Kapitel ergibt, ist eine spezifische Förderung von autistischen Kindern mit sonderpädagogischem Förderbedarf im Primarbereich. Dies könnte mit dem Inklusionskonzept erreicht werden. Auf den Begriff Inklusion und dem dahintersteckenden Konzept wird im nachfolgenden Kapitel näher eingegangen.

---

[1] Form zur Sichtbarmachung der Vielfalt des sozialen Geschlechts (Gender)

4 Das Konzept der Inklusion

Wie sich im vorherigen Kapitel bereits herausgestellt hat, steht das Konzept der Schulfähigkeit eher für ein bestehendes System, in welches sich das Kind bei Schuleintritt integrieren muss, wenn es als schulfähig gilt. Diese Annahme besteht zur jetzigen Zeit nicht mehr. Im Gegensatz dazu und zur optimierenden Erweiterung dieses Konzeptes der Schulfähigkeit steht das *Inklusionskonzept*, welches im folgenden Verlauf näher betrachtet wird.

4.1 Der Begriff Inklusion

Bevor der Begriff *Inklusion* populär wurde, wurden zunächst unterschiedliche Phasen der Begriffsbildung durchlaufen, welche auch heute noch in einigen Schulen zu finden sind. In der ersten Phase sprach man von einer *Exklusion*, also einem völligen Ausschluss des Schulbesuchs von Kindern mit Behinderung. In der darauffolgenden Phase der *Separation,* welche bis in die 1970er reichte, besuchten Kinder mit einer Beeinträchtigung eine abgetrennte Bildungseinrichtung – man könnte hier die Förder- und Sonderschulen als ein Beispiel aufführen. Ab ca. 1973 begann mit einer integrativen Gegenbewegung dann die Phase der *Integration,* in welcher Kinder mit begleitender sonderpädagogischer Unterstützung in eine Regelschule integriert wurden (vgl. Heimlich, 2020, S. 245 f.). Schließlich wurde der Begriff der Inklusion erstmals von der Salamanca-Erklärung der *UNESCO (United Nations Educational, Scientific and Cultural Organization)* von 1994, unter dem Thema „Special Needs Education: Access and Quality", eingeführt (vgl. Sander, 2002, S. 143). Auf der Grundlage der Erklärung der Menschenrechte von 1948 bekräftigte die Salamanca-Erklärung das Recht des Menschen auf Bildung und somit auch ein Recht auf Bildung für Alle (vgl. UNESCO, 1994, Abs. 2). Nach der UNESCO beschreibt der Begriff Inklusion somit „das Ziel des barriere-, diskriminierungs- und ausgrenzungsfreien Zugangs aller Kinder und Jugendlichen zu schulischer Bildung, ..." (Scheer, 2020, S. 1).

Obwohl der Inklusionsbegriff heutzutage häufig verwendet wird, sind dennoch unterschiedliche Interpretationen dazu zu finden. Zum Beispiel wird in dem Beschluss der Kultusministerkonferenz (KMK, 2011) „Inklusive Bildung von Kindern und Jugendlichen mit Behinderungen in Schulen" von einem engeren Inklusionsbegriff gesprochen, indem der Fokus hauptsächlich auf Schüler*innen mit sonderpädagogischem Förderbedarf liegt, was etwa dem ursprünglichen Konzept der Integration entspricht (S. 3). Im Gegensatz dazu wird in der Empfehlung der KMK und der Hochschulrektorenkonferenz (HRK) ein weites

Verständnis des Inklusionsbegriffes formuliert. Dieser bezieht sich auf Schüler*innen mit unterschiedlichster Heterogenität, dadurch werden „...sowohl Behinderungen im Sinne der Behindertenrechtskonvention [...] als auch besondere Ausgangsbedingungen, z. B. Sprache, soziale Lebensbedingungen, kulturelle und religiöse Orientierungen, Geschlecht sowie besondere Begabungen und Talente" berücksichtigt (HRK/KMK, 2015, S. 2).

Abschließend lässt sich sagen, dass die Begriffe Integration und Inklusion durch die unterschiedlichen Vorstellungen zum Inklusionsbegriff oft miteinander vermischt werden. Zudem oder vermutlich gerade deswegen ist der Inklusionsbegriff immer noch schwer zu deuten, was auch Auswirkungen auf den Umgang mit Inklusion in deutschen Schulen hat, welche im folgenden Kapitel dargestellt werden.

4.2 Der aktuelle Stand der Inklusion an deutschen Schulen

Schon seit 2009 besteht das Inklusionsgebot in Deutschland (Moser, 2019, S. 38). Es stimmte damals als eine Instanz der Mitgliedsstaaten der UN-Behindertenrechtskonvention (UN-BRK) – ein Übereinkommen der Vereinten Nationen über die Rechte von Menschen mit Behinderungen von 2006 – zu und verpflichtete sich, durch das in Kraft treten dieser 2008 die in der Konvention enthaltenen Maßstäbe und Forderungen umzusetzen. Vor allem Artikel 24 der UN-BRK steht im Fokus der bildungspolitischen Diskussion mit dem Ziel, ein inklusives Bildungssystem auf allen Ebenen zu entwickeln (vgl. Löser & Thoms, 2019, S. 107; Beauftragte der Bundesregierung für die Belange von Menschen mit Behinderungen, 2017, S. 21 f.). Auf der Grundlage dieses Artikels sind die 16 Bundesländer verpflichtet, ihre Schulgesetze dementsprechend anzupassen (vgl. Löser & Thoms, 2019, S. 107). Arndt und Werning (2016) weisen jedoch darauf hin, dass die Erfahrungen mit Inklusion an deutschen Schulen im Vergleich zu anderen Ländern noch relativ gering sind (S. 105). Dies lässt sich unter anderem daran erkennen, dass die Bundesländer seit Einführung der inklusiven Schulgesetze keinen gemeinsamen Kurs haben. Denn trotz der Verpflichtung zur Umsetzung des Inklusions-Konzeptes bestehen in Deutschland weiterhin Förderschulen neben den inklusiven (Regel-) Schulen. Wie damit verfahren wird, ist abhängig von dem jeweiligen Bundesland. „Einige [Schulen] kooperieren zunächst mit Förderschulen, andere beginnen mit der Öffnung einer Klasse für zunächst ein oder zwei Kinder mit sonderpädagogischem Förderbedarf. Wieder andere entscheiden sich von Tag eins an für die grundlegende, schulweite Öffnung für alle Kinder- unabhängig von Faktoren wie Geschlecht, Herkunft oder eben dem Förderbedarf" (Bertelsmann Stiftung, 2016, S. 6). So lässt sich in manchen Bundesländern ein Anstieg des Besuchs von Förderschulen verzeichnen und in anderen eine Verringerung der Exklusionsquote feststellen. Jedoch gibt es nicht nur Differenzen in den (Förder-) Schularten, sondern auch in der Organisationsform inklusiven Unterrichts. Diese Formen sind zum Teil unterschiedlich in den Schulgesetzen vorgegeben und obliegen in manchen Fällen auch der Schule selbst (vgl. Löser & Thoms, 2019, S. 109). Auch wenn die Inklusion in Deutschland noch viele Hürden birgt, lassen sich dennoch einige inklusive Erfolge finden. Seit 2009 wird der Jakob-Muth-Preis für inklusive Schulen vergeben. Die bisherigen 25 Jakob-Muth-Preisträger sollen deutlich machen, dass eine schulische Inklusion im Sinne des weiten Inklusionsbegriffes gelingen kann (vgl. Bertelsmann Stiftung, 2016, S. 6 ff.).

Zusammenfassend kann also gesagt werden, dass die inklusive Schulentwicklung in Deutschland einen fortwährenden Prozess darstellt, der noch nicht abgeschlossen ist und weiterer Entwicklung bedarf.

4.2.1 Die inklusive Didaktik in der Primarstufe

Die Inklusion stellt heute eine pädagogische Leitidee dar (Moser, 2019, S. 38). Es gibt nicht die eine inklusive Didaktik, sondern viele unterschiedliche Anregungen dazu, welche sich gegenseitig ergänzen oder aufeinander aufbauen. Durch ein Kooperationsprojekt der Bertelsmann - Stiftung mit dem Sonderpädagogikbereich der Universität Hannover wurden im Rahmen einer qualitativen Studie in 10 mit dem Jakob-Muth-Preis für Inklusion ausgezeichneten Schulen insgesamt sieben wesentliche Merkmale einer guten inklusiven Schule herausgearbeitet, welche allen unterschiedlich untersuchten Schulformen und – typen gemeinsam waren. Die folgenden sieben Merkmale können den Schulen in Deutschland zur Orientierung dienen und werden in dieser Arbeit zur Beschreibung einer inklusiven Schule verwendet:

1. In der inklusiven Schule stehen die Schüler mit ihrem Bildungserfolg im Mittelpunkt
2. Inklusiver Unterricht fokussiert auf individuelles und kooperatives Lernen
3. Verbindliche Absprachen schaffen verlässliche Strukturen für das gemeinsame Lernen
4. Die inklusive Schulpraxis steht immer wieder auf dem Prüfstand
5. Das Kollegium und die Schulleitung arbeiten eng zusammen
6. Die inklusive Schule arbeitet mit Eltern und externen Partnern zusammen
7. Haltung, Kompetenz und geeignete Rahmenbedingungen bilden das
8. Fundament inklusiver Schule (vgl. Bertelsmann Stiftung, 2016, S. 6 ff.).

Der inklusive Unterricht kann im Rahmen von Kooperationsklassen; also Förderschulklassen in Regelschulen; separaten Einzel - und Gruppenbeschulungen oder eines gemeinsamen, aber lernzieldifferenten Unterricht stattfinden (vgl. Löser, J., Thoms, 2019, S. 109). Bei zieldifferenter Inklusion werden alle Schüler*innen von einer allgemeinbildenden Schule angenommen, auch wenn sie nach Einschätzung der Schule nicht in der Lage sind, die gleichen Bildungsziele zu erreichen. Daraus ergibt sich dann für die Schüler*innen ein gemeinsamer, aber lernzieldifferenter Unterricht. Vermutlich wurde durch die KMK- und HRK-Empfehlung 2015 der zielgleiche Unterricht hauptsächlich durch den zieldifferenten Unterricht ersetzt, was man z.B. anhand der in Baden-Württemberg zum 01.08.2015 in Kraft getretenen Änderung des Schulgesetzes erkennen kann (vgl. Ministerium für Kultus, Jugend und Sport Baden-Württemberg, 2015, S. 1). Das Kultusministerium von Baden-Württemberg z. B. bekräftigt, „dass inklusive Bildungsangebote – insbesondere im zieldifferenten Unterricht – am besten über gruppenbezogene Angebote erreicht werden können." Dies gilt auch für die Primarstufe (vgl. ebd., 2015, S. 5). Denn Inklusive Lernerfahrungen werden vor allem durch Gemeinschaftserlebnisse und das Voneinander-Lernen im inklusiven Unterricht ermöglicht (vgl. Heimlich & Bjarsch, 2020, S. 254). Da das Schaffen der Rahmenbedingungen für solche inklusiven Lernerfahrungen nicht allein von einer Lehrkraft bewerkstelligt werden kann, werden in allen Schulen mit dem Profil Inklusion multiprofessionelle Teams gebildet, in denen z. B. Sonderpädagogen und Regelschullehrer*innen im Team zusammenarbeiten (vgl. Heimlich, 2020b, S. 213).

Für autistische Kinder, welche einen Anspruch auf eine sonderpädagogische Betreuung haben, gibt es so genannte *Integrationshelfer*innen*, die sie während des Schulalltages in einer inklusiven Grundschule begleiten (vgl. Schuster, 2013, S. 83). In seinem Beitrag beteuert Markowetz (2020), dass sich internationale Studien für ein Gelingen der Inklusion von Kindern und Jugendlichen mit ASS aussprechen (S. 112). Die Autismus-Forschungskooperation (AFK) aus Berlin jedoch fand durch eine Umfrage heraus, dass das Wissen deutscher Lehrkräfte über autistische Störungen für die inklusive Beschulung autistischer Kinder sehr gering ist, was eine Autismus-gerechte, inklusive Förderung erschwert (vgl. Schuster, 2010a, S. 52; vgl. Markowetz, 2020, S. 110). Zudem sind die Lehrkräfte dadurch auch oft im Umgang mit autistischen Kindern überfordert. Nach Markowetz (2020) legen aktuelle Studien auch nahe, dass ein Drittel der Schüler*innen mit Autismus eine allgemeine Schule und zwei Drittel immer noch ein sonderpädagogisches Förderzentrum (Förderschule) besuchen (S. 114 ff.)

Es geht also zusammenfassend nicht darum, dass sich hauptsächlich die Schüler*innen, wie z.B. beim Konzept der Schulfähigkeit, der Schule anzupassen haben, um teilhaben und selbst mitgestalten zu können, sondern es geht vielmehr um die Berücksichtigung und Anpassung der Grundschule an die Bedürfnisse *aller* Lernenden im Sinne der Heterogenität. Wie in den letzten zwei Kapiteln bereits deutlich wird, stoßen Kinder mit Autismus-Spektrum-Störung aufgrund ihrer Symptomatik an Grenzen bei der Schulfähigkeit. Zudem stellt die inklusive Beschulung dieser noch immer eine Hürde da. Wie schon in Kapitel 2.5 erwähnt, gibt es Therapien, welche Kindern mit ASS helfen können, die Symptome ihrer

Entwicklungsstörung zu behandeln und damit abzuschwächen. Somit könnte Autisten evtl. der Übertritt in die Grundschule und auch der Schulalltag erleichtert werden. Zu einer dieser Therapiemöglichkeiten zählt auch die Musiktherapie, welche nun im letzten Kapitel des Theorieteils näher erläutert wird.

5 Musiktherapie als eine Behandlungsmöglichkeit von Autismus

5.1 Grundlagen der Musiktherapie

Unter dem Begriff *Musiktherapie (MT)* versteht man „die gezielte Verwendung des Mediums Musik oder seiner Elemente zu therapeutischen Zwecken. Sie ist immer in eine bewusst gestaltete therapeutische Beziehung eingebunden und verwendet nicht sprachliche und sprachliche Kommunikation sowie psychologische Mittel und Techniken" (Decker-Voigt, Oberegelsbacher & Timmermann, 2012, S. 18). Aufgrund letzterem lässt sich die Musiktherapie in den Bereich der Psychotherapie einordnen (vgl. Metzner, 2004, S. 373). Vor allem der therapeutischen Beziehung und Haltung kommt, wie in der Psychotherapie, auch in musiktherapeutischen Interventionen eine tragende Rolle zu. Die therapeutische Haltung ist von Respekt, Wertschätzung, Empathie und Echtheit geprägt und soll somit die Entstehung eines sicheren Raumes für den Klienten ermöglichen, indem er sich geborgen fühlen kann (vgl. Lutz- Hochreutener, 2018, S. 17). Das Medium Musik wird hierbei als ein akustisches und zeitstrukturierendes Geschehen angesehen, welches vom Menschen selbst gestaltet ist. Neben Klängen, Rhythmen, Harmonien und Melodien zählen auch unbewusste Geräusche dazu, insofern diese nachträglich als bedeutsam wahrgenommen werden (vgl. Metzner, 2004, S. 373). Im Sinne der Musiktherapie kann die Musik als kommunikativer, nonverbaler Ausdruck z. B. die emotionale Erlebnis- und Beziehungsfähigkeit fördern und das Sozialverhalten verbessern (vgl. Wormit, Badenheuer & Bolay, 2007, S. 12). Im Zentrum des methodischen Vorgehens in der MT stehen rezeptive und aktive Interventionen mit dem Medium Musik. Bei der rezeptiven Musiktherapie steht vor allem das Hören von Musik im Mittelpunkt. Während dem gemeinsamen Hören und Erleben der gespielten Musik werden Assoziationen und Emotionen beim Klienten geweckt. Hierbei wird vor allem mit komponierter Musik oder Live-Improvisationen des Therapeuten gearbeitet. Im Gegensatz zu dieser Methodik wird bei der aktiven Musiktherapie Wert auf die selbsttätig handelnde Beteiligung des Klienten am musiktherapeutischen Prozess gelegt. Dieser nutzt dabei frei wählbare Instrumente oder seine eigene Stimme. Gearbeitet wird in dieser aktiven Methodik hauptsächlich mit strukturierter als auch freier Improvisation sowie (komponierten) Liedern, Tänzen und Trommelrhythmen (vgl. Decker-Voigt et al., 2012, S. 57 f; Kraus, 2002, S. 38 f). Vor allem die Improvisation stellt den „Königsweg" in der Musiktherapie dar, da sie musikalisch nicht vorgebildeten Menschen die Chance ermöglicht, über Musik zu kommunizieren. Diese wird dabei spontan erfunden und während des Spielens geformt (vgl. ebd., S. 103 f). Ob der Klient die oben beschriebenen Methoden im Gruppen- oder Einzelsetting durchführt, hängt zum einen von seinem Krankheitsbild als auch vom institutionellen Rahmen ab (vgl. Wormit et al., 2007, S. 15). Bis heute ist das Spektrum der Anwendungsgebiete der musiktherapeutischen Interventionen sehr vielfältig. „Musiktherapie ist allgemein dort indiziert, wo die Behandlung oder Begleitung krankheits-, behinderungs-, störungs- oder krisenbedingter Zustände und Prozesse am wirkungsvollsten unter Einbezug des Mediums Musik ist" (Decker-Voigt et al., 2012, S. 102). Der argentinische Kinderpsychiater und Musiktherapeut Rolando O. Benenzon erkannte erstmals, dass auch autistische Menschen mit tiefgreifenden Entwicklungsstörungen positiv auf musikalische Reize reagieren (vgl. Schor & Schweiggert, 2001, S. 50).

Im Folgenden wird dahingehend eine *Metaanalyse* näher in den Fokus genommen, die den Effekt der musikalischen Interventionen auf das autistische Verhalten aufzeigen soll.

5.2 Die Wirkung der Musiktherapie auf autistische Verhaltensweisen

Es wurden insgesamt zehn Studien zur Musiktherapie mit autistischen Kindern gefunden, welche sich der Metaanalyse nach Geretsegger, Elefant, Mössler und Gold (2014) zuordnen lassen. Im Folgenden werden die Studien näher betrachtet, welche Auswirkungen der Musiktherapie auf die Symptome der Autisms-Spektrum-Störung untersucht haben. Bei einer Metaanalyse handelt es sich um die Zusammenstellung quantitativer Forschungsdaten aus verschiedenen Studien. Durch diese systematische Übersicht können die Ergebnisse aller Studien zu einem Gesamtergebnis zusammengefasst werden (vgl. Whipple, 2004, S. 91). Bei der Beschreibung der Metaanalyse nach Geretsegger et al. (2014) wird die Effektstärke der Ergebnisse nach *Cohen's d*, die Effektgröße für Mittelwertunterschiede zwischen zwei Gruppen, angegeben. Nach Cohen zählen Effektgrößen bis 0,2 als klein, solche um 0,5 als mäßig und solche ab 0,8 als groß (vgl. Cohen, 1988). Im weiteren Verlauf dieses Kapitels werden die Studien der Metaanalyse hervorgehoben, welche eine positive Wirkung auf den sozialen sowie auch den sprachlich, kommunikativen Bereich von Kindern mit Autismus aufzeigten. Eine spezifische Befassung mit allen einzelnen Studien der Metaanalyse würde den Rahmen dieser Arbeit sprengen.

In der Metaanalyse von Geretsegger et al. (2014) wurden insgesamt 10 randomisierte kontrollierte Studien (RCTs) und kontrollierte klinische Studien zur Musiktherapie mit autistischen Kindern unterschiedlichen Alters analysiert (Buday, 1995; Brownell, 2002; Farmer, 2003; Thomas & Hunter, 2003; Kim, Wigram & Gold, 2008; Lim, 2010; Arezina, 2011; Gattino, Riesgo, Longo, Leite & Faccini, 2011; Lim & Draper, 2011; Thompson, 2012). Es wurden aktive sowie rezeptive Formen der Musiktherapie verwendet. Sieben Kurzzeitstudien (Arezina, 2011; Brownell, 2002, Buday, 1995; Farmer, 2003; Lim, 2010; Lim & Draper, 2011; Thomas & Hunter, 2003) sowie eine mittellange Studie (Kim et al., 2008) verglichen die Musiktherapie mit einer Placebo-Therapie. Zwei weitere Studien (Gattino et al., 2011; Thompson, 2012) stellten die Gruppe mit musiktherapeutischer Intervention zusätzlich zur Standardbehandlung, den Gruppen mit reiner Standardbehandlung oder anderen Therapieformen gegenüber (vgl. Geretsegger et al., 2014, S. 1 f). In der Metaanalyse unterschied man auch zwischen primären- und sekundären Ergebniswerten (vgl. ebd., S.7). Schlussfolgerungen der primären Ergebnisse zeigten, dass die Musiktherapie Kindern mit ASS helfen kann, die Symptome zu verbessern, die den Kern der Erkrankung ausmachen, darunter die Bereiche der sozialen Interaktion, verbalen Kommunikation, das initiierende

Verhalten sowie die sozial-emotionale Erwiderung, welche zum Teil in generalisiert und nicht generalisiert unterschieden wurden (vgl. ebd., S. 21). Zudem stellten einige Studien (Buday, 1995, Kim et al., 2008, Gattino et al., 2011, Farmer, 2003; Thompson, 2012) auch Verbesserungen in der nonverbalen Kommunikation fest. Drei dieser Studien (Buday, 1995; Farmer, 2003; Kim et al., 2008) prüften die nicht – generalisierten nonverbalen Kommunikationsfähigkeiten und kamen in den Endergebnissen zu einer Effektstärke von d = 0,57 der Musiktherapie im Vergleich zur Kontrollgruppe. Gattino et al. (2011), Kim et al. (2008) und Thompson (2012) untersuchten die generalisierten nonverbalen Kommunikationsfähigkeiten, bei denen die Musiktherapie im Vergleich zur Kontrollgruppe eine Verbesserung mit einem mittleren Effekt von d = 0,48 aufwies (vgl. ebd., S. 50). Bezogen auf die Defizite autistischer Kinder im Bereich der sozialen Interaktion fand man z. B. in der Studie von Kim et al. (2008) heraus, dass die mit der improvisierten Musiktherapie behandelte Gruppe eine Effektstärke von d = 1,06 und somit eine große Verbesserung der nicht generalisierten sozialen Interaktionsfähigkeiten im Vergleich zur Kontrollgruppe aufzeigte. Dieser Fortschritt äußerte sich z.B. durch mehr Augenkontakt und ein längeres Aufrechterhalten der geteilten Aufmerksamkeit. In dieser Studie waren 15 Kinder im Vorschulalter involviert, welche in zwei Vergleichsgruppen aufgeteilt wurden, die zwei Interventionen durchführten. Hauptintervention war dabei die Musiktherapie - Vergleichsintervention die Spieltherapie. Ebenso maßen drei weitere Studien (Kim et al., 2008; Gattino et al., 2011; Thompson, 2012) die generalisierten sozialen Interaktionsfähigkeiten und fanden dabei eine mittlere bis starke Effektstärke von d = 0,71. Darüber hinaus untersuchte Kim et al. (2008) in ihrer Studie auch die sozial - emotionale Erwiderung des Kindes innerhalb der musiktherapeutischen Intervention. Das Ergebnis hierbei war ein sehr starker Verbesserungseffekt von d = 2,28 im Vergleich zur Kontrollgruppe. Des Weiteren maßen drei Studien (Arezina, 2011; Kim et al., 2008; Thomas & Hunter, 2003) die nicht generalisierte soziale Adaption von Kindern mit ASS innerhalb der Intervention. Dabei wurde auf Aspekte wie gemeinsame Aufmerksamkeit (Arezina, 2011), aufgabenzentriertes Verhalten (Thomas & Hunter, 2003) sowie entgegenkommende und nicht entgegenkommende Reaktionen (Kim et al., 2008) geachtet. Die Effektstärke der Musiktherapie im Unterschied zu den „Placebo" und Standard - Gruppen betrug d = 1,15, was auf einen starken Verbesserungseffekt hinweist. Im Hinblick auf den Bereich der verbalen Kommunikationsfähigkeiten erforschte z.B. Lim (2010) in seiner ersten Studie als auch in einer späteren Studie zusammen mit Draper (2011) den Effekt des Musiktrainings auf die Sprachproduktion von autistischen Kindern. Die Differenz zwischen den beiden Studien lag zum einen in der Stichprobengröße und zum anderen in der Methodik. Ergebnisse dieser beiden Studien zeigten eine positive Auswirkung der Musikintervention auf die Sprachproduktion sowie eine leichte Verbesserung der echoartigen Spracherzeugung von autistischen Kindern. Insgesamt bewirkte die Musiktherapie unter Einbezug weiterer Studien (Farmer, 2003; Buday, 1995; Gattino et al., 2011; Thompson, 2012), die ebenfalls die verbalen Kommunikationsfähigkeiten untersuchten, im Vergleich zu den Kontrollgruppen einen kleinen Unterschied mit einem Effekt von d = 0,33 (vgl. Geretsegger et al., 2014, S. 49 ff., Bresgen, 2015, S. 13 ff.). In den sekundären Ergebnissen der Metaanalyse nach Geretsegger et al. wurde deutlich, dass die Musiktherapie auch die Möglichkeit bietet, die Eltern-Kind-Beziehung zu verbessern (vgl. Geretsegger et al., 2014, S. 7).

Es wird in der Wissenschaft vermutet, dass das besondere Interesse autistischer Kinder an der Musik mit der sensiblen Hörwahrnehmung zusammenhängen könnte (vgl. Schuster, 2010, S. 100 f.). Nach Kölsch (2019) reagieren autistische Kinder auch so positiv auf die Musik, da diese durch Takte, Töne und Tonleiter strukturiert und vorhersehbar ist (vgl. S. 290 f.)

5.3 Der Orff – Musiktherapieansatz für Kinder mit ASS

Aus dem vorherigen Kapitel lässt sich schlussfolgern, dass die Musiktherapie allgemein eine positive Wirkung auf das autistische Verhalten hat. In diesem Kontext existieren verschiedene musiktherapeutische Ansätze, welche vor allem zur Behandlung von (Vorschul-) Kindern mit ASS genutzt werden. Dazu zählt unter anderem z. B. der *Orff-Ansatz*, welcher zum aktiven Musiktherapieverfahren gehört (vgl. Kraus, 2002, S. 16). Die *Orff-Musiktherapie* hat sich aus dem *Orff-Schulwerk* (Carl Orff) heraus entwickelt und dessen Ansichten auf die Therapieebene projiziert. Das Schulwerk stellt im Gegensatz zur Orff-Musiktherapie eher ein *elementares musikpädagogisches Konzept* für Kinder dar, welches den Schwerpunkt auf (die Pädagogik in der) Schule legt. Dennoch greift Gertrud Orff (1992), eine der ersten deutschsprachigen Musiktherapeuten*innen, in ihrem musiktherapeutischen Ansatz einige Ansichten der elementaren Musikpädagogik und das für das Schulwerk verwendete Instrumentarium auf (S. 12 f.). Dazu gehört nicht das alleinige Auftreten von Musik, sondern das Verbinden der Elemente Sprache, Musik und Bewegung mittels eines *multisensorischen Ansatzes,* der mehrere Sinne anspricht (vgl. ebd., S. 9 f.). Es werden dabei besonders drei Sinneskategorien angesprochen: Taktiler Sinn, optischer Sinn und akustischer Sinn (vgl. ebd., S. 22). Durch die Verbindung dieser drei Sinneskategorien kann der Ausfall oder die Schädigung eines Sinnes durch einen anderen kompensiert oder stimuliert werden. Zu den hierbei verwendeten instrumentalen Materialien gehören z. B. Bambusrohre, der Gong oder klingendes Spielmaterial (vgl. Schuhmacher, 2017, S. 148 f.). Zusammenfassend gehören zu den methodisch leitenden Prinzipien dieses Ansatzes „eine empathische Vorgehensweise des Therapeuten, das musikalische Aufgreifen der Stimmungslage des Kindes und das musikalische Aufbrechen von stereotypen Verhaltensformen durch kontrastierende oder überraschende musikalische Formen" (Wormit et al., 2007, S. 17). Der Schwerpunkt und das Ziel der Orff-Musiktherapie liegt bei autistischen Kindern besonders auf der *Nachreifung*. Das bedeutet, Kinder und Jugendliche mit ASS können durch diesen musiktherapeutischen Ansatz Fähigkeiten erwerben, die ihnen helfen, die sozialen und sprachlichen Defizite zu verringern und dadurch im späteren Erwachsenenalter den Alltag besser bestreiten zu können (vgl. Decker-Voigt et al., 2012, S. 22; Schuhmacher, 2017, S. 148). Durch die verschiedenartigen Ausprägungsformen des Autismus werden auch unterschiedliche musiktherapeutische Zugangsweisen benötigt. Aufgrund dessen gibt es nicht die eine richtige therapeutische Methode. Diese ist dem Störungsbild des jeweiligen

Autisten individuell anzupassen (vgl. Orff, 1992, S. 117). Wegen dieser notwendigen individuellen Behandlung wird dem autistischen Kind, nach Orff, zunächst eine Einzeltherapie indiziert (vgl. Weber, 1999, S. 43). Erst wenn es gelernt hat, sich aus seiner Isolation zu lösen und Schall und Klänge als Nachricht von anderen Partnern aufzunehmen, dann kann von einer Einzeltherapie zu einer Gruppentherapie gewechselt werden, damit sich das Kind nicht nur auf eine Bezugsperson (Therapeut) fixiert (vgl. Thamm, 1983, S. 126 f). Gertrud Orff (1992) ist der festen Überzeugung, dass eine frühe Behandlung am sinnvollsten ist, um nachhaltig wirken zu können (vgl. S. 119) Zudem ist sie der Auffassung, dass die Therapie dann am wirksamsten und nachhaltigsten ist, wenn die Eltern des Kindes miteinbezogen werden und die Unterstützung der Eltern in einer abwartenden statt einer fordernden Haltung geschieht (vgl. Orff, 1992, S. 140).

6 Diskussion der Ergebnisse aus der Literatur

6.1 Interpretation der Ergebnisse

Im Folgenden werde ich die Ergebnisse der Metaanalyse (Geretsegger et al., 2014) auf die Kriterien der Schulfähigkeit (Reichenbach & Lücking, 2007) als auch die Schulfähigkeit von Kindern mit ASS, welche in Kapitel 3.2 und 3.3 näher erläutert wurden, beziehen und herausarbeiten, ob bestimmte Kriterien durch die Musiktherapie behandelbar sind und somit den Übertritt in die Grundschule erleichtern könnten.

6.1.1 Auswirkungen der Musiktherapie auf die Schulfähigkeit von Kindern mit ASS

Anhand der zusammengefassten Studienlage lässt sich auf den ersten Blick eine Dominanz an Studien erkennen, welche signifikante Ergebnisse zugunsten der Musiktherapie bei autistischen Kindern aufzeigen. So entstanden im Bereich der sozialen Interaktion (Kim et al., 2008; Gattino et al., 2011; Thompson, 2012) und der sozialen Adaption (Arezina, 2011; Kim et al., 2008; Thomas & Hunter, 2003) bedeutende Ergebnisse mit fast ausschließlich großer Effektstärke. Beide Kriterien können in den sozial-emotionalen Entwicklungsbereich nach Reichenbach und Lücking (2007) eingeordnet werden und sind somit essenziell für einen gelungen Übertritt in die Grundschule. Sie entscheiden darüber, ob ein autistisches Kind sozial in eine Klassengemeinschaft integriert werden kann. Durch eine Verbesserung der sozialen Interaktions- und Adaptionsfähigkeiten sind Kinder mit ASS eher in der Lage, in sozialen Interaktionen, wie z. B. Gruppen- oder Partnerarbeit, zu lernen und keine reinen „Einzelkämpfer" mehr darzustellen. Des Weiteren würden diese Fähigkeiten möglicherweise bei der Aufnahme, Aufrechterhaltung und dem Verständnis von Beziehungen helfen (Beziehungsgestaltung). Dadurch wiederum könnten Kinder mit ASS eine Beziehung zur Lehrkraft sowie zu ihren Mitschülern*innen aufbauen, sofern das von dem jeweiligen Autisten gewollt ist. Schuster (2010), welche selbst an dem Asperger-Syndrom erkrankt ist, beschreibt in ihrem Werk, dass die meisten Autisten nicht immer nur allein sein wollen, sondern sich sehr wohl Kontakt zu ihren Mitmenschen wünschen (vgl. S. 61). In diesem Sinne könnte die Musiktherapie Autisten helfen, die Schwelle aus der Isolation heraus zu überschreiten und freundschaftliche Kontakte zu knüpfen. Letzteres könnte vor allem eventuellem Mobbing in der Schule präventiv entgegenwirken. Denn gerade autistische Kinder werden aufgrund ihrer, für andere „sonderbare"

Verhaltensweisen im sozialen Miteinander zu Außenseitern. Zusammengefasst kann man also sagen, dass die durchaus positiven Effekte in den sozialen Adaptions- und Interaktionsfähigkeiten den sozial-emotionalen Bereich von Autisten begünstigen können. Und gerade dieser stellt nach Reichenbach und Lücking (2007) einen enorm wichtigen Entwicklungsbereich für die Schulfähigkeit dar.

Zudem äußerten sich die Fortschritte in der Studie von Kim et al. (2008) z. B. durch mehr Augenkontakt und ein längeres Aufrechterhalten der geteilten Aufmerksamkeit. Wie in Kapitel 2.2.1 beschrieben, haben Kinder mit ASS eine starke Beeinträchtigung in beiden Bereichen. Diese Fortschritte sprechen auch für eine Verbesserung der sozialen Schulfähigkeitskriterien, da im Unterricht eine gemeinsame Aufmerksamkeit erwartet wird. Diese äußert sich in der Schule durch das gleichzeitige Konzentrieren des Kindes auf den Lerngegenstand als auch die Lehrperson. Eine Verbesserung dieser Beeinträchtigung könnte autistischen Kindern helfen, besser am Unterrichtsgeschehen teilhaben zu können und somit das Lernen zu optimieren.

Noch stärkere Effekte wurden in der Verbesserung der sozial-emotionalen Erwiderung (Kim et al., 2008) gefunden. In diesem Bereich lassen sich bei Autisten Defizite in der sozial-emotionalen Gegenseitigkeit finden. Diese äußern sich dadurch, dass sie keinen Kontakt zu anderen Kindern suchen und nicht in der Lage sind, weder über ihre eigenen Gefühle zu sprechen noch die Gefühle der anderen zu deuten und zu verstehen. Mit einer Verbesserung der Defizite durch die Musiktherapie könnte es Kindern mit ASS etwas leichter fallen, ihre Empfindungen gegenüber der Lehrkraft sowie auch gegenüber den Mitschülern zu äußern. Zudem könnten sie das Handeln und Verhalten der anderen Schüler*innen besser reflektieren, wodurch Konfliktsituationen im Schulalltag vermieden werden könnten. Das Ergebnis dieser Studie (Kim et al., 2008) ist aber aufgrund der kleinen Stichprobenzahl von 15 Teilnehmern und der hohen Abbruchrate von 5 Teilnehmern kritisch zu betrachten. Dennoch lässt sich ein mögliches Potenzial von Musiktherapie darin erkennen. Eine Auswirkung der Musiktherapie auf die Schulfähigkeit von Kindern mit ASS in diesem Bereich ist also nicht auszuschließen. Jedoch sollten die Messungen mit größeren Stichproben wiederholt werden, um ein signifikanteres Ergebnis zu erhalten.

Die primären Ergebnisse der Metaanalyse zeigten bei musiktherapeutischen Interventionen mit autistischen Kindern nur eine sehr kleine Verbesserung der verbalen Kommunikationsfähigkeiten gegenüber der Kontrollgruppe (Lim, 2010;

Lim & Draper, 2011; Farmer, 2015; Buday, 1995; Gattino et al., 2011; Thompson, 2012). Dadurch lässt sich schlussfolgern, dass die Musiktherapie keine großen Auswirkungen auf den sprachlichen Entwicklungsbereich nach Reichenbach und Lücking (2007) hat. Somit bestehen bisher keine signifikanten Ergebnisse darüber, ob sich die Musiktherapie auf die sprachlichen Schulfähigkeitskriterien auswirken könnte.

Wie bereits in Kapitel 2.2.1 und 3.3 beschrieben, weisen autistische Kinder Defizite in der nonverbalen Kommunikation auf. Diese äußern sich z. B. durch Fehlinterpretationen der Mimik und Gestik von Mitschülern oder Lehrkräften und könnten somit zu Konflikten im Schulalltag führen. Die Musiktherapie zeigte für die nonverbale Kommunikation mittlere Effekte im Gegensatz zur Kontrollgruppe. Schlussfolgernd kann durch musiktherapeutische Interventionen die Schulfähigkeit im kommunikativen Entwicklungsbereich begünstigt werden und somit zu einer Erleichterung im Schulalltag beitragen (Buday, 1995; Kim et al., 2008; Gattino et al., 2011; Farmer, 2003; Thompson, 2012). Allerdings sollte die Studie von Buday (1995) nochmals wiederholt werden, da sie eher veraltet ist.

Insgesamt hat sich bei der Metaanalyse gezeigt, dass die Musiktherapie der Standardbehandlung und ähnlichen Therapieformen, bei denen keine Musik verwendet wurde, überlegen ist, was auf eine Spezifität der Wirkung von Musik innerhalb der Musiktherapie hindeuten kann. In der Metaanalyse von Geretsegger et al. (2014) lassen sich sogar wenige Studien aus einer älteren Metaanalyse von Whipple (2004) finden, was für eine hohe Evidenz dieser Studien sprechen könnte. Zudem greift die Metaanalyse von Geretsegger et al. auf Studien (z. B. Kim et al., 2008; Lim, 2010) zurück, die ein RCTs-Design aufweisen, welches sich auf höchster Evidenzstufe befindet und somit große Beweiskraft hat (vgl. auch Bresgen, 2015, S. 29). Trotz der vielen positiven und homogenen Ergebnisse der Studien wurden zu kleine Stichprobengröße untersucht, welche das Outcome verzerren können. Dies stellt ein häufiges Problem der Forschung über musiktherapeutische Interventionen bei ASS dar. Bezogen auf den Grundschulkontext existiert sogar bereits eine Forschung von Mendelson et al. (2016), in welcher signifikante Gruppeneffekte gemessen wurden. Jedoch erscheint diese Studie bisher nicht aussagekräftig genug, da sich unter den 33 Teilnehmern nur fünf Kinder mit ASS befanden und eine Kontrollgruppe fehlte. Somit wird auch hier wieder deutlich, dass die geringe Stichprobenzahl ein Problem darstellt.

Abschließend kann man sagen, dass die Musiktherapie nicht als „Allheilmittel" angesehen werden kann, sie hat ihre Vorzüge, aber auch Schwächen. Letzteres bedingt durch die wenigen und nicht ausreichend durchgeführten qualitativen Studien. Dennoch lassen sich gerade im Bereich der sozialen Interkation und sozialen Adaption signifikante Ergebnisse finden, welche den sozial-emotionalen Entwicklungsbereich, ein wichtiges Kriterium der Schulfähigkeit, autistischer Kinder verbessern und somit zu einem leichteren Übergang in die Grundschule als Regelschule verhelfen könnten. Aus den Ergebnissen der Studien, welche die verbalen Fähigkeiten untersuchten, lässt sich schlussfolgern, dass diese keine großen Auswirkungen auf den sprachlichen Bereich der Schulfähigkeit haben. Wenn man aber nach Schuster (2010) geht, könnte die verbesserte soziale Interaktion autistischer Kinder dazu verhelfen, auch die sprachlichen Defizite zu verbessern (vgl. Kapitel 3.3). Die Ergebnisse der Untersuchungen zur nonverbalen Kommunikation weisen auf eine mögliche Verbesserung der Schulfähigkeitskriterien von Kindern mit ASS im Entwicklungsbereich der Kommunikation hin.

In Kapitel 3.1 wurde bereits erwähnt, dass die individuelle Schulfähigkeit nach dem ökopsychologischen Ansatz nicht nur von inneren Entwicklungsprozessen abhängig ist, sondern auch von der schulischen Lernumwelt. Zudem wurde unser Schulsystem nach der Ratifizierung der UN-Behindertenrechtskonvention (UN-BRK) auf eine inklusive Struktur umgestellt, anhand der sich auch die Grundschule an die Bedürfnisse *aller* Lernenden im Sinne der Heterogenität anpassen muss. Da sich insgesamt ein positiver Effekt der Musiktherapie für Kinder mit Autismus herauskristallisiert hat, wird im folgenden Verlauf versucht darzustellen, wie sich die Berufsfelder der inklusiven Primarstufe und der Musiktherapie, unter Bezug auf den Orff-Ansatz, verbinden lassen könnten. Hierbei wird sich an den sieben Merkmalen einer guten inklusiven Schule orientiert, welche in Kapitel 4.2.1 genannt wurden.

Wie sich in Kapitel 2.2.3 herausgestellt hat, sind die Symptome der Autismus-Spektrum-Störung in der frühen Kindheit und in den ersten Schuljahren am deutlichsten. Daraus lässt sich schlussfolgern, dass eine musiktherapeutische Förderung autistischer Kinder bereits vor Schuleintritt einsetzen muss. Denn die Musik bietet diesen Kindern eine gewisse Struktur und Routine, welche sie im Alltag benötigen. Um das Ziel der Nachreifung bei autistischen Kindern zu erreichen, erscheint es sinnvoll, Praktiken dieser Therapie nicht nur extern – während der Schulzeit –, sondern auch intern – in der Schule selbst – anzuwenden.

Im Hinblick auf den ersten Punkt *In der inklusiven Schule stehen die Schüler mit ihrem Bildungserfolg im Mittelpunkt* der sieben Merkmale einer guten inklusiven

Schule, lässt sich bereits ein Berührungspunkt zwischen Musiktherapie und Schule finden. Sowohl die Pädagogik als auch die Therapie haben beide zum Ziel, das (autistische) Kind mit seinen Entwicklungsbedürfnissen zu unterstützen und es zu fördern. Seine Entwicklung steht im Mittelpunkt der beiden Berufsfelder. Aus diesem Grund wäre eine Integration der Musiktherapie in die inklusive Schule als pädagogisches Setting eine Möglichkeit. In anderen Ländern wie z. B. in der Schweiz wird die Musiktherapie bereits in Regelschulen und Sonderschulen angewandt, indem Musiktherapeuten*innen in Schulen angestellt sind oder von außen in die pädagogischen Institutionen gehen. Auch in Norwegen und Großbritannien lässt sich die MT im schulischen Kontext finden (vgl. Hochreutener, 2018, S. 16 f.; Jordan, 2017, S. 279).

Ein weiterer Berührungspunkt der beiden Bereiche lässt sich unter dem siebten Punkt *Haltung, Kompetenz und geeignete Rahmenbedingungen bilden das Fundament inklusiver Schule* finden. Ähnlich wie beim Therapeuten sollen auch Lehrkräfte gegenüber den Kindern eine wertschätzende, empathische und respektvolle Haltung einnehmen und sich *echt* verhalten. Gerade weil sich Therapeut und Pädagoge in ihren Kompetenzen unterscheiden, wäre es doch mehr als bereichernd für beide Seiten, im Sinne einer inklusiven Schule miteinander zu kooperieren.

Angesichts der in Kapitel 2.4 beschriebenen hohen Prävalenzrate von Menschen mit ASS ist es höchstwahrscheinlich, dass jede Lehrkraft in ihrer Schullaufbahn einmal einem autistischen Kind begegnen wird. In Kapitel 4.2.2 geht diesbezüglich hervor, dass das Wissen der Lehrkräfte über Autismus sehr gering ist und sogar noch viele Vorurteile gegenüber dieser Störung bestehen. Durch eine Zusammenarbeit mit Sonderpädagogen*innen sowie Musiktherapeuten*innen könnten sich diese Vorurteile verringern und das Wissen um die Symptome und den Umgang damit im Unterricht könnte erweitert werden. Um dies zu erreichen, müsste man Musiktherapeuten in die multiprofessionellen Teams integrieren oder extern mit ihnen zusammenarbeiten. Dies findet sich auch im sechsten Punkt *Die inklusive Schule arbeitet mit Eltern und externen Partnern zusammen* wieder.

Wenn Musiktherapeuten*innen in einer inklusiven Grundschule angestellt wären, könnten sie autistische Kinder im Sinne einer separaten Einzelstunde oder im Sinne eines lernzieldifferenten Unterrichts zusammen mit der Lehrkraft fördern (vgl. Kap. 4.2.1). Bezogen auf den zweiten Punkt *Inklusiver Unterricht fokussiert auf individuelles und kooperatives Lernen* stellt besonders der Musikunterricht in der Grundschule einen Rahmen dar, in welchem die Musik genutzt werde könnte, um das Sozialverhalten der Kinder untereinander zu verbessern und kooperatives, inklusives Lernen zu ermöglichen. Durch das Anwenden aktiver musiktherapeutischer Methoden, wie z. B. der Improvisation oder gemeinsamen Trommelspielen mithilfe des Orff-Instrumentariums, könnten gerade bei der Einschulung erste Kontaktaufnahmen zwischen den Kindern hergestellt werden. Auch ein regelmäßiges gemeinsames Singen zur morgendlichen Begrüßung oder zum Abschied kann den sozialen Zusammenhalt innerhalb der Klasse fördern. Durch das breite Anwendungsspektrum der Musiktherapie besteht auch die Chance, neben den Autisten Kinder mit Musik zu fördern, welche unter anderen krankheits-, behinderungs-, störungs- oder krisenbedingten Zuständen leiden. Die Musik kann hier aufgrund ihrer sprachübergreifenden Eigenschaften sowie ihres kreativen Potenzials als Möglichkeit angesehen werden, z. B. Kinder mit Migrationshintergrund besser in die Klassengemeinschaft zu integrieren. In Kapitel 4.2.1 wird bekräftigt, dass inklusive Bildungsangebote am besten über gruppenbezogene Angebote erreicht werden können. Durch den Einsatz gruppentherapeutischer Musikinterventionen könnte man also auch inklusive Lernerfahrungen schaffen.

Gerade autistische Kinder fühlen sich zur Musik stark hingezogen und verfügen zum Teil auch über eine musikalische Begabung (vgl. Kap. 2.2.3). Man könnte diesen Kindern Erfolgserlebnisse schaffen, indem man sie etwas vor der Klasse vorspielen oder singen lässt sowie ihnen im Musikunterricht eine besondere Aufgabe zukommen lässt. Kinder mit ASS könnten dadurch intrinsisch motiviert werden. Sie erscheinen somit auch für andere Mitschüler*innen nicht als „Behinderte", welche eher Defizite aufzeigen. Die Voraussetzung zum Gelingen musikalischer Gruppenangebote bei autistischen Kindern ist allerdings eine sonderpädagogische Begleitung und eine vorangegangene musiktherapeutische Einzelbehandlung.

6.2 Limitationen der Arbeit

Bei der Literaturauswahl zu dieser Arbeit habe ich mich hauptsächlich auf Literatur mit den am Anfang bereits genannten Schlüsselwörtern beschränkt. Dies könnte dazu geführt haben, dass zusätzliche Informationen aus anderen Werken ohne diese Schlüsselwörter unberücksichtigt geblieben sind. Aufgrund der geringen Auswahl an aktuellen Studien auf diesem Themengebiet musste ich auf eine ältere Metaanalyse (Geretsegger, Elefant, Mössler und Gold, 2014) zurückgreifen. Zudem sind die Ergebnisse der darin enthaltenen Studien trotz positiver Wirkung zum Teil mit Vorsicht zu genießen, da bei den meisten Untersuchungen eine zu kleine Stichprobenzahl genommen wurde. Darüber hinaus enthielt die Metaanalyse überwiegend Kurzzeitstudien, welche im Hinblick auf langfristige Wirkungen eher kritisch zu betrachten sind.

6.3 Empfehlungen und Zukunftsausblick

Anhand der Metaanalyse (Geretsegger et al., 2014) und der Literaturrecherche fällt auf, dass es immer noch zu wenig hochrangige randomisierte, kontrollierte Studien (RCTs) gibt, welche qualitative Aussagen über die Auswirkungen der Musiktherapie auf autistische Verhaltensweisen geben können. Das bedeutet für die zukünftige Forschung der Stichprobengröße und -stärke besondere Aufmerksamkeit zu widmen und langfristige Folgeuntersuchungen einzuschließen. Vor allem bezogen auf die sprachlichen und kommunikativen Fähigkeiten müssen mehr Forschungen betrieben werden, da die aktuelle Anzahl an Studien dazu noch nicht ausreicht und die Ergebnisse der jetzigen Studienlage nur von einem kleinen bis mittleren Effekt sprechen, welcher nicht aussagekräftig genug ist.

Aus meiner zusätzlichen Recherche geht auch hervor, dass, zum großen Nachteil von Menschen mit Autismus, Ärzte in Deutschland eine Musiktherapie nicht selbst verschreiben dürfen und die Musiktherapie von den meisten Krankenkassen nicht übernommen wird ,was eine private Zahlung der Therapiestunden zur Folge hat (vgl. dazu auch Kölsch, 2019, S. 17). Daraus lässt sich schließen, dass es eine allgemeine Gesetzesänderung geben muss, um allen Kindern mit Autismus-Spektrum-Störung eine musiktherapeutische Behandlung zu ermöglichen.

Wenn eine inklusive Zusammenarbeit zwischen Grundschule und Musiktherapeuten*innen gelingen soll, muss ein einheitliches Inklusionskonzept für alle Schulen in Deutschland ausgearbeitet und festgelegt werden. Darüber hinaus müssen die Rahmenbedingungen und Ressourcen der Schulen, wie z. B. das Vorhandensein eines geschützten Raumes oder ausgewählter Orff-Musik-instrumente, zur Verfügung gestellt werden und beiden Seiten zugänglich sein. Um dieses Ziel zu erreichen, bedarf es nicht nur der Organisation der Schule mit all ihren Akteuren und der Musiktherapeuten*innen, sondern auch einer gesetzlichen Änderung und Hilfemaßnahmen aus der Bildungspolitik. Auch ein Angebot an Fortbildungen für Lehrkräfte in diesem Bereich wäre sinnvoll. In solchen Fortbildungen könnten Ansätze aus der Musiktherapie für Kinder mit Autismus behandelt werden, wie z.B. der Orff-Ansatz mit dem dazugehörigen Orff-Schulwerk, welches Lehrkräften eine Orientierung für den Musikunterricht bieten kann.

Im Hinblick auf den zukünftigen Ausbau der Ganztagsschulen, die sich auf ein rhythmisiertes Lernen berufen, wäre der Einsatz von musiktherapeutischen Ansätzen mehr als sinnvoll. Gerade der Orff-Ansatz mit seiner multisensorischen Funktion könnte beim rhythmisierten Lernen unterstützend wirken.

Dass eine allgemeine kompetente Förderung von Autisten zu einer guten gesellschaftlichen Teilhabe und positiven Auswirkungen innerhalb der Gesellschaft führen kann, lässt sich am besten an dem *Phänomen* Greta Thunberg beobachten, welche selbst an dem Asperger-Syndrom erkrankte. Trotz ihrer Entwicklungsstörung hat sie bisher Großes geleistet. Es sollten also alle Fördermaßnahmen und Therapiemöglichkeiten für Menschen mit Autismus in Deutschland angeboten werden und das am besten kostenfrei.

7 Fazit

Auch wenn die Ergebnisse der Metaanalyse durchaus einen positiven Effekt von musiktherapeutischen Interventionen bei Kindern mit ASS aufweisen und man aus diesem Grund von einem Potenzial der Musiktherapie bezogen auf die kommunikative und soziale Schulfähigkeit von Kindern mit ASS sprechen kann, gibt es immer noch zu wenig hochrangige randomisierte, kontrollierte Studien auf diesem Themengebiet, die meine Aussage unterstützen könnten. Es muss demnach weitere Forschung auf diesem Gebiet betrieben werden, um genauere Schlussfolgerungen ziehen zu können. Bezogen auf meine zweite Forschungsfrage plädiere ich für eine inklusive Zusammenarbeit zwischen den Berufsfeldern Schule und Musiktherapie, da sich gezeigt hat, dass die Musik im Allgemeinen eine positive Auswirkung auf das soziale Geschehen innerhalb einer Klasse haben und nicht nur Kindern mit Autismus von Nutzen sein kann. Auch hier muss Forschung betrieben werden, um herauszufinden, welche therapeutische Unterstützung im inklusiven schulischen Rahmen gebraucht wird und inwiefern sie darin angewandt werden kann.

Literaturverzeichnis

Amorosa, H. (2017). Kernsymptome. Schulalter. In M. Noterdaeme, K. Ullrich & A. Enders (Hrsg.), Autismus – Spektrum – Störungen (ASS). Ein integratives Lehrbuch für die Praxis. (2. erweiterte und überarbeitete Aufl.), (S. 68 -71). Stuttgart: Kohlhammer Verl.

*2Arezina, C. H. (2011). The effect of Interactive Music Therapy on Joint Attention Skills in Preschool Children with Autism Spectrum Disorder. (Master Thesis), Lawrence, KS: University of Kansas

Arndt, A.-K. & Werning, R. (2016). Was kann man von Jakob-Muth-Preisträgerschulen lernen? Ergebnisse der Studie „Gute inklusive Schule". In Bertelsmann Stiftung (Hrsg.), Inklusion kann gelingen. Forschungsergebnisse und Beispiele guter schulischer Praxis (S. 105-140). Gütersloh: Bertelsmann Stiftung Verl.

Asperger, Hans (1943). Die Autistischen Psychopathen im Kindesalter. Verfügbar unter: http://www.autismus-biberach.com/Asperger_Hans_Autistischen_Psychopathen.pdf

Autismus Deutschland e.V. - Bundesverband zur Förderung von Menschen mit Autismus. (2020). Positionspapier zur „Autismus-Therapie" des Bundesverbandes autismus Deutschland e.V. Verfügbar unter: https://www.autismus.de/fileadmin/RECHT_UND_GESELLSCHAFT/Positionspapier_Autismus-Therapie_Stand02.01.2020.pdf

Beauftragte der Bundesregierung für die Belange von Menschen mit Behinderungen. (Hrsg.). (2017). UN-Behindertenrechtskonvention. Bonn: Hausdruckerei BMAS

Bernard, H.- U. (2017). Ursachen von Autismus-Spektrum-Störungen. Eine Spurensuche. In V. Bernard-Opitz (Hrsg.), Autismus Konkret. (1. Auflage). Stuttgart: Kohlhammer Verl.

Bertelsmann Stiftung. (2016). Sieben Merkmale guter inklusiver Schule. Zusammenfassung zentraler Thesen. Verfügbar unter: https://www.bertelsmannstiftung.de/fileadmin/files/BSt/Publikationen/GrauePublikationen/IB_Inklusion_Sieben_Merkmale_2016.pdf

---

2 Die mit einem Stern * versehenen Literatureinträge bezeichnen Studien aus einer Metaanalyse.

Bresgen, C. (2015). Die Effekte von Musiktherapie bei Menschen mit Autismus. Analyse und Vergleich 6 quantitativer Studien. Saarbrücken: AV Akademiker Verl.

*Brownell, M. D. (2002). Musically adapted social stories to modify behaviors in students with autism: Four case studies. Journal of Music Therapy, 39, 117-144.

*Buday, E. M. (1995). The Effects of Signed and Spoken Words Taught with Music on Sign and Speech Imitation by Children with Autism. Journal of MusicTherapy, 32, 189 – 202. DOI: 10.1093/jmt/32.3.189

Cohen, J. (1988). Statistical Power Analysis for the Behavioral Sciences. (2nd ed.). United States of America: Lawrence Erlbaum Associates

Decker-Voigt, H.-H., Oberegelsbacher, D. & Timmermann, T. (Hrsg.) (2012). Lehrbuch Musiktherapie. (2. aktualisierte Aufl.). München: Ernst Reinhardt Verl.

*Farmer, K. J. (2003). Effect of Music vs. Nonmusic Paired with Gestures on Spontaneous Verbal and Nonverbal Communication Skills of Children with Autism between the Ages 1-5. (Master"s thesis). Tallahassee, FL: Florida State University

Falkai, P. & Wittchen, H-U. (Hrsg.). (2015). Diagnostisches und Statistisches Manual Psychischer Störungen DSM-5. Göttingen: Hogrefe Verl. (Original der American Psychiatric Association, erschienen 2013)

Fombonne, E., Quirke, S., Hagen, A. (2011): Epidemiology of pervasive developmental disorders. In: D. G. Amaral, G. Dawson und D. H. Geschwind (Hrsg.), Autism Spectrum Disorders (S. 90–111). New York: Oxford University

Freitag, C.M., Kitzerow, J., Medda, J., Soll, S., Cholemkery, H. (2017). Autismus-Spektrum-Störungen. (1. Aufl.). Göttingen: Hogrefe Verl.

Geretsegger, M., Elefant, C., Mössler, K., Gold, C. (2014). Music therapy for people with autism spectrum disorder. The Cochrane library, (6), https://doi.org/10.1002/14651858.CD004381.pub3

*Gattino, G. S., Riesgo, R. d. S., Longo, D., Leite, J. C. L. & Faccini, L.S. (2011). Effects of relational music therapy on communication of children with autism: a randomized controlled study. Nordic Journal of Music Therapy 20(2), 142–54. doi: 10.1080/08098131.2011.566933

Heimlich, U. (2020a). Inklusion als Leitbild – Vielfalt der Wege. In U. Heimlich (Hrsg.), Studienbuch Inklusion. Ein Wegweiser für die Lehrerbildung (S.245-247). Bad Heilbrunn: Julius Klinkhardt Verl.

Heimlich, U. (2020b). Schulen mit dem Profil Inklusion. In U. Heimlich (Hrsg.), Studienbuch Inklusion. Ein Wegweiser für die Lehrerbildung (S. 210 – 220). Bad Heilbrunn: Julius Klinkhardt Verl.

Hochreutener, S. L. (2018). In A.-K., Jordan, E., Pfeifer, T. Stegemann & S., Lutz Hochreutener (Hrsg.), Musiktherapie in pädagogischen Settings. Impulse aus Praxis, Theorie und Forschung. (S. 15 - 27), Münster: Waxmann Verl.

Hochschulrektorenkonferenz & Kultusministerkonferenz. (2015). Lehrerbildung für eine Schule der Vielfalt. Gemeinsame Empfehlung von Hochschulrektorenkonferenz und Kultusministerkonferenz. Verfügbar unter: https://www.kmk.org/fileadmin/Dateien/veroeffentlichungen_beschlues se/2015/2015_03_12-Schule-der-Vielfalt.pdf

Jordan, A.-K. (2017). Impulse für Inklusion und Integration. Musiktherapeutische Umschau, 38 (3), 278-281.

Kamp-Becker, I. & Bölte, S. (2014). Autismus (2.Aufl.). München: Ernst Reinhardt Verl.

*Kim J., Wigram T. & Gold C. (2008). The effects of improvisational music therapy on joint attention behaviors in autistic children: a randomized controlled study. Journal of Autism and Developmental Disorders 38, 1758 – 1766. doi: 10.1007/s10803-008-0566-6

Knörzer, W., Grass, K. & Schuhmacher, E. (2007). Den Anfang der Schulzeit pädagogisch gestalten. Studien- und Arbeitsbuch für den Anfangsunterricht. (6., überarbeitete Aufl.). Weinheim und Basel: Beltz Verl.

Kölsch, S. (2019). Good Vibrations. Die heilende Kraft der Musik. Berlin: Ullstein Buchverl.

Kraus, W. (2002). Von der Heilkraft der Musik. In W., Kraus (Hrsg.), Die Heilkraft der Musik. Einführung in die Musiktherapie (2. aktualisierte Aufl., S. 10 – 21). München: C.H. Beck Verl.

Kultusministerkonferenz. (2011). Inklusive Bildung von Kindern und Jugendlichen mit Behinderungen in Schulen. Verfügbar unter: https://www.kmk.org/fileadmin/veroeffentlichungen_beschluesse/2011 /2011_10_20-Inklusive-Bildung.pdf

*Lim HA. Effect of "developmental speech and language training through music" on speech production in children with autism spectrum disorders. Journal of Music Therapy, Vol. 47, issue 1:2–26.

*Lim HA, Draper E. The effects of music therapy incorporated with applied behavior analysis verbal behavior approach for children with autism spectrum disorders. Journal of Music Therapy, 48(4), 532–50.

Löser, J., Thoms, S. (2019). Inklusion von oben?! - Schulgesetzgebung und Auswirkungen auf inklusive Schulentwicklung. In M. Hartmann, M. Hummel, M. Lichtblau, J. Löser, S. Thoms, (Hrsg.), Facetten inklusiver Bildung. Nationale und internationale Perspektiven auf die Entwicklung inklusiver Bildungssysteme (S.107-114). Bad Heilbrunn: Julius Klinkhardt Verl.

Lutz-Hochreutener, S. (2018). Musiktherapie im schulischen Kontext. In A.-K., Jordan, E., Pfeifer, T. Stegemann & S., Lutz Hochreutener (Hrsg.), Musiktherapie in pädagogischen Settings. Impulse aus Praxis, Theorie und Forschung. (S.15-30), Münster: Waxmann Verl

Markowetz, R. (2020). Autismus-Spektrum-Störungen. In U. Heimlich (Hrsg.), Studienbuch Inklusion. Ein Wegweiser für die Lehrerbildung (S.107-120). Bad Heilbrunn: Julius Klinkhardt Verl.

Mendelson, J., White, J., Hans, L., Adebari, R., Schmid, L., Riggsbee, J. et al. (2016). A Preliminary Investigation of a SpecializedMusic Therapy Model for Children with DisabilitiesDelivered in a Classroom Setting. Autism Research and Treatment, ID, 1-8 https://doi.org/10.1155/2016/1284790

Metzner, S. (2004). Musiktherapie - Überblick über eine junge Disziplin. In W. Rössler (Hrsg.), Psychiatrische Rehabilitation. Unter Mitarbeit von Ch. Lauber (S. 372–375). Berlin: Springer Verl.

Ministerium für Kultus, Jugend und Sport Baden-Württemberg. (2015). Ausgestaltung inklusiver Bildungsangebote. FAQ zur Inklusion. Verfügbar unter: https://km-bw.de/,Lde/Startseite/Schule/Inklusion

Moser, V. (2019). Inklusion zwischen normativer Orientierung und Evidenzbasierung. In M. Hartmann, M. Hummel, M. Lichtblau, J. Löser, S. Thoms (Hrsg.), Facetten inklusiver Bildung. Nationale und internationale Perspektiven auf die Entwicklung inklusiver Bildungssysteme (S.31). Bad Heilbrunn: Julius Klinkhardt Verl.

Orff, G. (1992). Die Orff – Musiktherapie. Aktive Förderung der Entwicklung des Kindes. Mit einem Vorwort von Carl Orff. (Ungekürzte Ausgabe). Frankfurt am Main: Fischer Taschenbuch Verl.

Reichenbach, C. & Lücking, C. (2007). Diagnostik im Schuleingangsbereich. Diagnostikmöglichkeiten für institutionsübergreifendes Arbeiten. Dortmund: Borgmann Media

Remschmidt, H., Schmidt, M. H. & Poustka, F. (Hrsg.). (2019). Multiaxiales Klassifikationsschema für psychische Störungen des Kindes- und Jugendalters nach ICD-10. Mit einem synoptischen Vergleich von ICD–10 und DSM–V. (1. Nachdruck der 7. aktualisierten Aufl. von 2017). Bern: Hogrefe Verl.

Roebers, C. M. & Hasselhorn, M. (2018). Schulbereitschaft – Zur theoretischen und empirischen Fundierung des Konzepts. In W. Schneider & M. Hasselhorn (Hrsg.), Schuleingangsidagnostik (S. 1-15). Göttingen: Hogrefe Verl.

Sander, A. (2002). Von der integrativen zur inklusiven Bildung. Internationaler Stand und Konsequenzen für die sonderpädagogische Förderung in Deutschland. In Hausotter, A., Boppel, W. & Meschenmoser, H. (Hrsg.), Perspektiven Sonderpädagogischer Förderung in Deutschland. Dokumentation der Nationalen Fachtagung vom 14.-16. November 2001 in Schwerin (S. 143-164). Middelfart: European Agency

Scheer, D. (2020). Schulleitung und Inklusion. Empirische Untersuchung zur Schulleitungsrolle im Kontext schulischer Inklusion. Wiesbaden: Springer VS

Schorr, B. – J. & Schweiggert, A. (2001). Autismus - ein häufig verkanntes Problem. Kinder und Jugendliche mit autistischen Verhaltensweisen in allen Schularten. (2. Aufl.). Donauwörth: Auer Verl.

Schuhmacher, K. (2017). Musiktherapie bei Kindern mit Autismus. Musik -, Bewegungs- und Sprachspiele zur Behandlung gestörter Sinnes- und Körperwahrnehmung. Wiesbaden: zeitpunkt Musik - Reichert Verl.

Schuster, N. (2010a). Schüler mit Autismus-Spektrum-Störungen. Eine Innen- und Außenansicht mit praktischen Tipps für Lehrer, Psychologen und Eltern. (1.Aufl.). Stuttgart: W. Kohlhammer Verl.

Schuster, N. (2013b). Schüler mit Autismus-Spektrum-Störungen. Eine Innen- und Außenansicht mit praktischen Tipps für Lehrer, Psychologen und Eltern. (3. aktualisierte und erweiterte Aufl.). Stuttgart: W. Kohlhammer Verl.

Sinzig, J. (2011). Frühkindlicher Autismus. Manuale psychische Störungen bei Kindern und Jugendlichen. Berlin und Heidelberg: Springer-Verl.

Thamm, E. (1983). Möglichkeiten der Kontaktanbahnung mit Autisten. In H.-H., Decker – Voigt (Hrsg.), Handbuch Musiktherapie. Funktionsfelder, Verfahren und interdisziplinäre Verflechtung. Lexikalische Stichwörter (S. 126 – 127). Bremen: ERES Edition Verl.

Theunissen, G. & Sagrauske M. (2019). Pädagogik bei Autismus. Eine Einführung. (1. Aufl.). Stuttgart: W. Kohlhammer Verl.

*Thomas A, Hunter B. The effect of music therapy on communication skills of children ages 2-3 with autism: a pilot study. Proceedings of the American Music Therapy Association Conference; Minneapolis (MN).

*Thompson, G. (2012). Making a Connection: Randomised Controlled Trial of Family Centred Music Therapy for Young Children with Autism Spectrum Disorder (PhD thesis). Melbourne, Australia: The University of Melbourne

UNESCO. (1994). Die Salamanca Erklärung und der Aktionsrahmen zur Pädagogik für besondere Bedürfnisse. Verfügbar unter: https://web.archive.org/web/20130228042129/http://www.unesco.at/bildung/basisdokumente/salamanca_erklaerung.pdf

Vllasaliu, L., Jensen, K., Dose, M., Hagenah, U., Hollmann, H., Kamp-Becker, I. et al. (2019). Diagnostik von Autismus-Spektrum-Störungen im Kindes-, Jugend- und Erwachsenenalter: Überblick zu den wesentlichen Fragestellungen und Ergebnissen des ersten Teils der S3-Leitlinie. Zeitschrift für Kinder- und Jugendpsychiatrie und Psychotherapie, 47(4), 359-370.

Weber, C. M. (1999). Tanz – und Musiktherapie zur Behandlung autistischer Störungen. Kunst und Psychologie. (5. Band). Göttingen: Hogrefe - Verl. für angewandte Psychologie

Weiss, V. (2012). Die Intelligenz und ihre Feinde. Aufstieg und Niedergang der Industriegesellschaft. Graz: Ares Verl.

Whipple, J. (2004). Music in Intervention for Children and Adolescents with Autism: A Meta-Analysis. Journal of music therapy. 41 (2), 90 – 106

Wormit, A. F., Bardenheuer, H. J. & Bolay, H.V. (2007). Aktueller Stand der Musiktherapie in Deutschland. In H. Reinecker (Hrsg.), Musiktherapie [Themenheft], 28 (1), 10 – 21